Mitología griega

Una fascinante visión general de los mitos, dioses y diosas griegos

Índice

Introducción

Al igual que otros tipos de mitologías dentro de una sociedad basada en el paganismo, la mitología griega se ha modificado a lo largo de los siglos. Ha sido a caprichos de redactores, filósofos y narradores que cambiaron las narrativas con el propósito de revelar un significado más profundo sobre las acciones de dioses, diosas y héroes.

Por ejemplo, el nacimiento del dios del vino, Dioniso, es objeto de acalorados debates y ha sido reescrito varias veces. En la versión compuesta por Hesíodo, Dioniso nació de Zeus y Sémele, una princesa. En otra versión compuesta por Hesiquio, es hijo de Dione, una titánida. Ese cambio no es coincidencia; los dos hombres podrían haber escuchado la historia de forma diferente, o podrían haber hecho ellos mismos los ajustes.

Esta diversidad refleja la variación de las realidades dentro del mundo griego. Grecia no se consideraba un reino unido, es decir, no había un monarca que gobernara el territorio. El continente y las islas se regían por distintas *polis* (*ciudades*), lo que dio lugar a grandes variaciones en la cultura, el arte, la literatura y las historias orales griegas. La diversidad de ese mundo se refleja en este libro, que busca captar las diferentes versiones de los mitos en un intento de representar a todo el mundo griego y las naciones circundantes.

Nuestro objetivo principal es otorgar una visión del universo de la mitología griega en todos los aspectos multifacéticos. Las versiones de estos mitos a continuación están en el espíritu de la mitología. Pueden ser un poco diferentes a los mitos que recuerda, ya que a veces tomamos la versión más dramática y la incorporamos a su narración tradicional, pero el núcleo de la historia seguirá siendo el mismo.

Capítulo 1: Del Caos a Urano

¿Qué fue primero? ¿La gallina o el huevo? La creación del mundo para muchas culturas antiguas, incluidos los griegos, comenzó con un espacio donde no había principio ni fin. Comenzó en el Caos, un vacío profundo, pero no del todo vacío. El Caos daría a luz a los primeros dioses. El comportamiento acalorado y atrevido de los primordiales dio a luz a un mundo que pronto se llenaría del drama de sus hijos.

No está claro si los hijos del Caos se dieron a luz a sí mismos, surgiendo del vacío de su padre, o si el Caos dio a luz a estos seres. También es muy debatido entre los estudiosos el género del Caos, que, por el bien del argumento, consideraremos femenino. Esto tiene sentido, ya que dio a luz a un par de niños, pero el género y la biología de los dioses griegos, los titanes y otros personajes no humanos diversos no están dictados estrictamente por las leyes de la biología. En la mitología griega, los bebés podían nacer de una cabeza, un muslo, un volcán bajo la tierra o un oscuro agujero negro.

Y así, el Caos dio a luz a Gaia, cuyo cuerpo sentaría las bases de la tierra, y daría origen a todas las formas de vida. El segundo fue Tártaro, también conocido como Erebo. Su cuerpo comprendía el inframundo, el reino de los muertos, donde todas las almas iban a juicio al final de su vida. Tanto los dioses como los hombres temían lo que yacía en la oscuridad del inframundo. Después del Tártaro vino el Ponto, que fue el primer dios del mar. Pero era más que esto: era el mar mismo, una forma cruda de poder que sería heredada por las generaciones que vinieron después. Este fue el caso de todos los seres primordiales. Eran

---

el estadio en el que los olímpicos jugaban sus partidos, y también eran la fuente de las armas y el poder de los olímpicos.

El caos también dio a luz a otros niños considerados entre los seres primordiales originales. Se cree que Eros, el legendario y querubín dios del amor, a quien algunos consideran el hijo de los olímpicos Afrodita y Ares, nació al principio de los tiempos. Nyx, la noche que tomó la forma de mujer, también emergió del Caos. Su nombre y su caracterización como una figura sombría pueden darle la impresión de que es malvada. Sin embargo, es una diosa ambivalente, que posee cualidades de luz y oscuridad, que encarnarían sus numerosos hijos.

Nyx y su hermano Érebo trajeron a Aether y Hemera al mundo. Éter llenaba el espacio entre los cielos y la tierra con una fina niebla que daba al cielo su tono azul. Su hermana-esposa Hemera, literalmente el día, era una entidad completamente independiente de Helios (el Sol), y producía las nieblas cada mañana. Las combinaciones hermano-pareja en la mitología griega representan la dualidad del mundo natural, como el agua y el ciclo de la lluvia.

Nyx también dio a luz a varios otros seres divinos, expulsándolos de su propia masa oscura. Estos niños dieron forma a una amplia gama de experiencias humanas, tanto positivas como negativas. La lista es larga, pero incluye a Moros (destino), Hypnos (sueño), Oneiroi (sueños), Geras (vejez), Oizys (dolor), Nemesis (venganza), Eris (lucha), Apate (engaño), Filotes (placer sexual), Momos (culpa), Tánatos (muerte pacífica), Ker (muerte violenta) y, finalmente, las Hespérides (las hijas de la noche que normalmente se representaban como ninfas). Durante este mismo tiempo, la hermana de Nyx, Gaia, dio a luz a su hijo Urano, que se convertiría en el señor de todo el cosmos. Su unión produciría los viejos dioses de Grecia, los famosos y feroces Titanes.

Capítulo 2: Los titanes

Gaia y Urano fueron quienes más hijos tuvieron. No solo produjeron cientos de niños, sino que también dieron a luz a varios tipos diferentes de monstruos y titanes. Urano estaba decidido a tener no solo tantos niños como fuera posible, sino también niños perfectos con dones y belleza considerables. Sus hijos primogénitos no tuvieron éxito, al menos según Urano. Fueron los tres hecatónquiros. Estos monstruos malditos, con sus cien manos y cincuenta cabezas, fueron los menos favorecidos entre los hijos de Urano y Gaia.

Su segundo intento resultó en tres cíclopes de un solo ojo. Estos niños estaban más cerca de lo que su padre había esperado, ya que nacieron con una fuerza física inigualable y tenían una gran destreza para trabajar el metal. Más tarde, los cíclopes construirían las primeras armas de los dioses.

Aun así, Urano odiaba a sus monstruosos hijos. De hecho, los odiaba tanto que los arrojó a los pozos más profundos y oscuros del Tártaro. Los niños fueron arrojados a la oscuridad tan pronto salieron de Gaia. Esto le rompió el corazón a su madre. Naturalmente, dudaba en producir más hijos para Urano, pero el señor de los cielos no le dio opción. Continuarían hasta tener a sus hijos perfectos. Afortunadamente, los siguientes embarazos de Gaia resultaron en doce hijos ideales, conocidos como los Titanes.

Estos doce seres son llamados Uranides. Había seis hombres y seis mujeres. Cuatro de los hermanos (Ceo, Crío, Hiperión y Jápeto) sostuvieron los cielos y suspendieron a su padre Urano por encima de la tierra. Sin embargo, el primogénito oficial era Océano, el dios patrón del agua dulce. Era responsable de supervisar los ríos, lagos, acuíferos, manantiales e incluso las nubes en el cielo. El segundo nacido, Ceo, era el titán del intelecto y el cuestionamiento. Ceo también era responsable de mantener el eje norte alrededor del cual giraban los cielos, que sostenía junto con tres de sus hermanos.

El siguiente hermano, Crío, el titán y señor de las constelaciones y el calendario anual, dominaba el eje norte de los cielos. El siguiente hermano, Hiperión, el señor de la luz, engendró las luces que provienen del cosmos, incluyendo el amanecer (Eos), el sol (Helios) y la luna (Selene). El último hermano, Jápeto, titán de la mortalidad, daría a luz a los dioses que crearon a la humanidad.

Luego estaban las seis hermanas. Las titánidas se acostarían con sus hermanos y crearían generaciones de titanes y dioses. Theia era la titánide de la previsión y la madre de los tres hijos piadosos de Hiperión. Rea era la diosa de la fertilidad femenina y pronto se convertiría en la reina de los titanes. Temis, titán de la ley del destino que todos los hombres deben cumplir, más tarde quedaría embarazada de su sobrino y daría a luz a las estaciones y a las Moiras. Luego vino Mnemósine, la diosa de la memoria. También daría a luz a un par de Musas del mismo sobrino que embarazó a su hermana Temis. La segunda hija menor, Febe, titánide de la profecía, era la esposa del "intelecto" (su hermano Ceo) y la diosa patrona del legendario Oráculo de Delfos. La hija menor Tetis era la esposa de su hermano Océano y engendró la fuente de toda el agua dulce que caería bajo su dominio.

Estas titánides se convirtieron en el mundo alrededor del cual crecería la humanidad. Eran los cimientos del conocimiento, la cultura y la tradición. Sin embargo, todavía faltaba un titán. Cronos, el más joven, era el titán del tiempo. Y tenía todas las cualidades más destructivas del tiempo, como el envejecimiento, la erosión y la decadencia. Era el más despiadado y odioso de los titanes. Despreciaba a su maldito padre por el maltrato a sus hermanos, los cíclopes y los hecatónquiros.

Obviamente, Gaia no quería mucho a su marido. También despreciaba su naturaleza cruel y codiciosa, ya que la había obligado a tener hijos que rechazaba o de los que abusaba. Con el tiempo, su odio se profundizó. Formó los primeros metales de la tierra que se usarían para fabricar un arma asesina de dioses: la hoz que destruiría a Urano. Gaia se acercó a sus hijos y les pidió que buscaran en sus corazones la espada que surgió de su odio y mataran a Urano. Sus hijos permanecieron en silencio, ya que tenían miedo de rebelarse contra su padre. Cronos, el más joven, fue el único que atendió el llamado de su madre. Junto con sus hermanos que sostenían los cielos, idearía un plan para vengarse terriblemente de su padre.

Esa noche, Urano regresó y trajo consigo la oscuridad de la noche. La puso sobre su esposa, con la intención de tomarla una vez más en su codicia lujuriosa. Urano se despertó y se preparó para entrar en Gaia, pero antes de que pudiera, los cuatro pilares de la tierra (Ceo, Crío, Hiperión y Jápeto) se apoderaron de su padre y lo inmovilizaron. Cronos saltó de las sombras y cortó a su padre de raíz a tallo y arrojó sus genitales al mar. La combinación de mar y esperma dio a luz a una de las olímpicas más famosas de la historia: la diosa del amor, Afrodita.

Con su último suspiro, Urano dijo sus últimas palabras crueles a su hijo Cronos, una terrible profecía que conduciría a la pérdida del resto de la compasión de Cronos. Le dijo a su hijo que un día, uno de sus propios hijos buscaría derrocarlo y que le harían lo que le había hecho a su padre.

La mutilación de Urano por Saturno (Cronos) *por Giorgio Vasari (1556).*

Capítulo 3: La guerra de los titanes

Después de la caída de Urano, Cronos usurpó su corona como "Rey del Cosmos" y tomó a Rea, su hermana, como reina. A pesar de haber logrado despachar a su malvado padre, los Titanes no pudieron hacer nada para eliminar la profecía premonitoria de la mente de su hermano. Urano había ganado. El temor de Cronos de que algún día sus propios hijos lo traicionaran lo convirtió en un monstruo diez veces peor que su padre. Al nacer cada uno de sus hijos, Cronos los tragó enteros. Estos eran los dioses que se establecerían en el monte Olimpo y tomarían el control de la tierra y los cielos: Hestia, Hera, Deméter, Poseidón, Hades y Zeus.

El último hijo, Zeus, no fue tragado por su padre, sino que su madre Rea logró esconderlo, y le dio a su esposo una roca envuelta en una manta para tragar. El resto de sus hijos seguían vivos, creciendo en el estómago de su padre. Zeus se crió en secreto muy lejos, cerca del monte Ida, que estaba en la isla de Creta. Vivía en una cueva custodiada día y noche por los curetes, y era alimentado con la leche de Amaltea, una cabra. Cuando Zeus llegó al poder, honró a Amaltea colocando su imagen en las estrellas. Formó su escudo a partir de su piel y creó la cornucopia de la abundancia a partir de su cuerno. Los Curetes también eran hijos de Gaia, pero no eran Titanes. Se pensaba que eran los primeros habitantes de Creta. Realizaron las primeras danzas de guerra, golpeando sus lanzas y escudos para ahogar los gritos del pequeño Zeus y disimular su ubicación.

Cuando Zeus alcanzó la edad adulta, buscó levantarse contra Cronos, pero necesitaba la ayuda de sus hermanos. Su padre y los Titanes eran demasiado fuertes para enfrentarlos solo. Entonces, Rea se acercó a su madre Gaia y le suplicó que revelara los secretos de la tierra y le hiciera un brebaje que hiciera vomitar a Cronos. Metis, la hermana de Rea, se lo presentó a Cronos para que no sospechara de su plan, y él bebió la mezcla sin dudarlo. Sus hijos comenzaron a subir. Una vez fuera del estómago de su padre, se retiraron a la seguridad del Monte Olimpo junto con su hermano Zeus. Comenzaron una terrible guerra de diez años contra Cronos y los titanes. Eran los viejos dioses contra los nuevos. Algunos titanes se verían obligados a elegir bandos, y Zeus usó todo su ingenio y fuerza para reclutar a los más valiosos. Sin embargo, de los numerosos titanes, solo dos se opondrían a Cronos: Temis, la diosa de la ley divina y la sabiduría (hija de Gaia y Urano), y su hijo Prometeo, quien más tarde otorgaría el don del conocimiento a la humanidad.

Después de diez años de guerra, parecía que no había un vencedor claro, y ambas partes comenzaban a desanimarse. Sin embargo, finalmente llegó el punto de inflexión, y se debió a los aliados más improbables de la guerra: los monstruos que Urano había encarcelado en las profundidades del Tártaro. Cronos, que había prometido liberar a sus hermanos del inframundo, había roto su promesa y los había dejado pudrirse en la oscuridad. Zeus liberó a sus tíos, los cíclopes y los hecatónquiros, del cautiverio. Como recompensa, los cíclopes convirtieron a Zeus y a sus hermanos en armas de poder monumental. Fueron expulsados de las fuerzas de la naturaleza que se agitaban dentro de Gaia y los cielos. Estas armas eran el rayo de Zeus, el tridente de Poseidón y la horca de Hades.

Con las mareas ahora cambiadas a favor de los olímpicos, llegaría el último día de la guerra, conocido como la Titanomaquia. Este último día de batalla, como se registra en la *Teogonía* de Hesíodo (Hesíodo fue un poeta griego), habla del poder de los Hecatónquiros. Con sus cien manos, arrojaron una lluvia de rocas gigantescas sobre los titanes, obligándolos a refugiarse detrás de las montañas. Zeus dio el golpe final a su padre Cronos, y sin más aliados o fuerzas para resistir a su hijo, el rey del universo había sido derrotado y arrojado al inframundo junto con sus hermanos y hermanas. Su oscura prisión estaría custodiada por sus antiguos habitantes, los Hecatónquiros de cien manos. Temis y Prometeo sobrevivirían, ya que habían ayudado a los dioses. El hermano de Prometeo, Atlas, que se puso del lado de Cronos, se encargó de levantar el cielo como castigo por sus crímenes.

Tras derrotar y encarcelar a sus enemigos, los olímpicos se pusieron a la tarea de decidir quién gobernaría qué dominios de la tierra. Los tres hermanos, Zeus, Poseidón y Hades, echaron suertes para los reinos más grandes. Zeus se convertiría en el rey de los dioses, el señor de los cielos y el dios del trueno y el relámpago. Poseidón llegó a gobernar las vastas profundidades del mar; era el agitador de montañas y el creador de nuevas tierras. Hades tuvo menos suerte, y se convirtió en el señor del inframundo, de donde rara vez salía.

Capítulo 4: Los dioses

Zeus

Zeus era el rey de los dioses, el gobernante de los cielos y la tierra, el manipulador del clima y el portador de relámpagos y truenos. Además de estos muchos títulos, Zeus también era el dios de la razón y la justicia. Se le muestra en representaciones del arte mural griego y la cerámica como un hombre en sus últimos años debido a su barba bien desarrollada y su gran complexión. Sin duda, era un dios atractivo e increíblemente poderoso, pero su mayor fortaleza era su mente hábil. Fue a través de su astucia y destreza que pudo derrotar a sus numerosos enemigos y reclamar el trono del Olimpo.

A pesar de su agudo sentido de la justicia y la sabiduría, Zeus era bastante imprudente en sus acciones como dios. Era propenso a tomar decisiones rápidas, lo que probablemente contribuyó al hecho de tener más hijos que la mayoría de los otros atletas olímpicos. Aunque Zeus técnicamente tuvo varias esposas, también tuvo relaciones con varias ninfas y mujeres mortales, trayendo cientos de niños al mundo. La mayoría de estos niños se convirtieron en héroes y figuras notables en la mitología griega, como Helena de Troya y Perseo, la asesina de la Gorgona Medusa, así como varios dioses y diosas principales.

Cuando Zeus llegó al poder por primera vez, tomó a Metis como su esposa, la misma Metis que había liberado a los hermanos de Zeus del vientre de su padre. Metis era hija de Océano y Tetis, y era la diosa del buen consejo. Es fácil entender la atracción inicial de Zeus por Metis, y ella se convirtió en su confidente y mentora más confiable. Todo fue bien hasta el momento en que se la tragó entera, pero desarrollaremos más sobre esto luego.

Zeus tenía muchas otras esposas, tanto mortales como inmortales, pero su reina principal, al menos de acuerdo con la tradición mitológica griega, era su hermana Hera. Zeus, como muchos otros dioses, podía cambiar de forma, y la mayoría de las veces, se acercaba a sus parejas sexuales y conquistas bajo la apariencia de un animal. Así fue como se ganó el afecto de Hera.

Los antiguos griegos se conectaban con los dioses a través de sus interacciones y el uso del mundo natural. Zeus se identificaba con el mundo natural a través de símbolos como el toro y el águila o a través de varias especies de plantas, principalmente el roble.

De todas las cualidades que un rey debe poseer, tal vez la más importante es la sabiduría. Sin duda, los reyes que duran más y son los más amados tienden a ser personas sabias. Estos son los reyes que buscan el consejo y ayuda de los demás. Zeus se tomaba muy en serio su papel como rey y era atendido constantemente por una multitud de dioses menores, diosas y espíritus que actuaban como sus asesores y guardaespaldas. Al pie de su trono se sentaban los espíritus guardianes: Kratos (Fuerza), Zelos (Rivalidad), Nike (Victoria) y Bia (Fuerza). Hermes, uno de los hijos de Zeus, actuaba como su heraldo, y la citación oficial y los mensajes del rey solo podían ser entregados por Iris, la diosa iridiscente del arco iris. Después de que Zeus consumió a Metis, la posición de la mano del rey estaba vacante. Temis, el titán que había estado al lado de Zeus durante la guerra de una década con Cronos y los otros titanes, fue encargado del orden y la paz del cosmos y acompañó al rey en todos sus esfuerzos. Incluso mantuvo su lealtad a Zeus después de que él desterrara a su hijo Prometeo al inframundo y someterse a la tortura de que un buitre (o águila en algunas versiones) comiera continuamente su hígado, el cual se regeneraba mágicamente, y sufrir esto hasta el final de los tiempos.

Poseidón

Poseidón, el dios de los mares, maestro de los terremotos y creador de nuevas tierras e islas, tenía un temperamento tan imprudente y destructivo como el mar mismo. Con su gran tridente, movía las aguas, transportaba barcos a través del mar y levantaba olas que arrasaban pueblos y ciudades enteras.

Poseidón no solo era destructivo. También poseía un lado más creativo y creó los primeros caballos e hipocampos: caballos con cola de pez que utilizaba para arrastrar su carro de oro desde el mar hasta el monte Olimpo. Su apariencia física no es tan diferente de la de sus hermanos. A menudo se lo representa como un hombre mayor con barba, y generalmente hay una corona de apio alrededor de su cabeza en lugar de olivas como Zeus. Uno de sus símbolos naturales es el tallo de apio; otro es el pino.

Al igual que su hermano, Poseidón fue tentado por la belleza de los mortales, las diosas y las ninfas. Sin embargo, era mucho menos caballero que su hermano. Llamando a las cosas por su nombre, Poseidón era un violador habitual. Hay varias historias notables en las que viola a mujeres jóvenes. Las dos víctimas más conocidas son su esposa y reina de los mares, la ninfa de "ojos de ébano" Anfítrite y su propia hermana Deméter, a quien tomó contra su voluntad mientras ambos eran caballos. La violación en el mundo antiguo no se consideraba un crimen como en la actualidad. En otras fuentes antiguas, incluidos los corpus legales, la violación no era un acto de violencia, sino más bien una pasión incontrolable. Sin embargo, Poseidón parecía tener más problemas con esto que los otros dioses y diosas. Tal vez era una forma de caracterizar su comportamiento violento y precipitado, ya que la gente podía comparar su comportamiento con el mar, una entidad que tiene muy poca consideración por sus víctimas y que no puede controlar sus aguas embravecidas.

Poseidón tuvo muchos asuntos con seres mágicos, incluida su propia abuela. Tuvo varios de los niños más famosos de la mitología griega. El caballo alado Pegaso surgió de la cabeza cortada de la conquista sexual de Poseidón, Medusa. Tritón, su hijo con Anfítrite, controlaba y sofocaba las olas del mar Egeo. Las representaciones de Tritón parecen algo de un comercial de Old Spice. Imagina a un sireno con grandes abdominales y una barba rebelde. Otras veces, su rostro se parecía al de un joven griego, de alrededor de veinte o veinticinco años, dado el hecho de que las barbas indicaban una edad madura en la cultura griega. Su símbolo es una concha. La hija de Poseidón, Rodas, una ninfa marina y diosa protectora de la isla griega de Rodas, se convertiría en la esposa de Helios, el sol.

Hades

El señor del inframundo era tan sombrío como su dominio. Hades tenía un resentimiento ardiente hacia sus hermanos por su suerte al ser menospreciado y rechazado como el dios de los muertos. (Sin embargo, no era el dios de la muerte; ese papel pertenecía a Tánatos). Aunque Hades no era propenso a las más simples decencias, como los modales o la sonrisa, era el más rico de los dioses, ya que todos los tesoros que yacían dentro de la tierra eran de su propiedad. Esta es una de las razones por las que su símbolo más reconocible es la cornucopia, el cuerno de la abundancia. Al final de sus vidas, los muertos serían conducidos al inframundo por el dios Hermes. En el borde del río Estigia, esperaban con dos monedas de oro al barquero Caronte para llevarlos al oscuro dominio de Hades. El inframundo tenía varias secciones, y las personas eran asignadas de acuerdo con la vida que habían vivido. Si bien el inframundo estaba destinado a ser un reino de castigo y dolor, también era un lugar de descanso para aquellas almas que merecían paz.

Sin embargo, Hades también era el guardián de los ritos funerarios, y a cualquier alma que no recibiera un entierro santificado adecuado a las leyes de Hades no se le permitía entrar por las puertas del inframundo. Es por eso que Hades mantenía las puertas custodiadas día y noche por su discípulo más leal, el perro de tres cabezas Cerbero. Cualquier tipo de magia negra o ritual era el nicho del dios de los muertos, particularmente intentar resucitar a los muertos. Si un griego antiguo realmente quería que su maldición cayera sobre alguien, invocaba maldiciones que invocaban los poderes y la destreza de Hades.

Al igual que sus hermanos, se considera que Hades tiene la apariencia física de un hombre mayor con barba oscura y complexión media. Sin embargo, a diferencia de sus hermanos, que parecían sentirse atraídos por todos, Hades era mucho más selectivo con sus amantes y a menudo formaba vínculos profundos. Su reina principal era Perséfone, la diosa de la vegetación primaveral e hija de su propia hermana Deméter. Aunque su unión molestaba profundamente a la madre de Perséfone, con el tiempo, su hija aprendió a aceptar su situación, y debe haber desarrollado al menos algún tipo de sentimiento por su tío.

Cuando él se fue con sus amantes y la dejó sola para atender el inframundo, ella se vengó terriblemente de estas mujeres, a menudo sumiendo a su esposo en un profundo dolor. Pisotéo a a Minthe sin piedad (algunas versiones dicen que fue Deméter quien hizo esto). Hades estaba tan angustiado luego de que la diosa transformara el cuerpo de Minthe en una planta de menta que le puso su nombre a la montaña donde murió. Hasta el día de hoy, se dice que el sitio es un dominio sagrado que el dios del inframundo visita a menudo. La otra concubina de Hades era Leuce, la hija del titán Océano. Fue secuestrada por Hades y también asesinada por su esposa. Sin embargo, en versiones posteriores, vivió sus días en el inframundo. Independientemente del mito que siga, Hades la transformó en un álamo blanco que lleva un laurel de hojas de álamo alrededor de su cabeza como corona.

El dios de los muertos era de hecho un romántico sin esperanza, y mostraba favor hacia los héroes que se embarcaban en sus búsquedas en nombre del amor. El cantante Orfeo viajó al inframundo para recuperar a su recientemente fallecida y amada esposa, Eurídice. Hades y Perséfone estaban tan conmovidos por su súplica que acordaron liberar a su esposa. Sin embargo, ella iba detrás de él, y él no debía mirar hacia atrás, o de lo contrario volvería a la tierra de los muertos. Orfeo hizo lo que se le indicó y no miró hacia atrás para buscar a su esposa, a pesar de que la tentación era grande. Justo cuando pisó el mundo de arriba, se dio cuenta de que no confiaba en Hades (algunos dicen que quería asegurarse de que ella estuviera allí, mientras que otros dicen que estaba tan ansioso que no podía esperar más). Miró hacia atrás para ver si el alma de su esposa lo había seguido. Se volteó y vio que era su esposa, y se llenó de una alegría indescriptible. Mientras una sonrisa cruzaba sus labios, la tierra cerró sus puertas, tragándose a Eurídice y llevándola de vuelta a la oscuridad.

Hermes

En lo que respecta a los dioses, Hermes es el más accesible y agradable. Este príncipe de lengua plateada era el dios del comercio, el atletismo, la competencia saludable, el conocimiento medicinal y el robo. Aunque esta última cualidad es clásicamente desagradable, Hermes podría considerarse el verdadero caballero ladrón, ya que usaba sus habilidades finamente para robar. Véalo mejor como algunos robos pequeños. Hermes también rara vez se ve en el arte griego sin su caduceo, más comúnmente conocido como cetro de heraldo. Es ese símbolo que se ve en el costado de las ambulancias en los Estados Unidos. A veces, favorece la apariencia de su padre, luciendo una barba larga y gruesa, y otras veces, se lo representa como un hombre joven, afeminado y hermoso. A menudo se cree que tiene la apariencia física más joven de todos los olímpicos.

Aunque Hermes era el más travieso astuto de todos los dioses, era, sin duda, uno de los favoritos de su padre. Y eso es mucho decir, teniendo en cuenta que Zeus tuvo cientos de hijos. Hermes comenzó a mostrar signos de gran inteligencia cuando era solo un bebé. Solo unas horas después de su nacimiento, logró escabullirse de su madre Maia mientras descansaba y robó el ganado de su hermano Apolo, borrando sus huellas del polvo. Apolo buscó por todas partes su rebaño. El pequeño Hermes reveló sus crueles acciones, pero no devolvió el ganado hasta que se vio obligado a hacerlo.

De niño, Hermes también era un artesano talentoso, y creó la lira a partir del caparazón de una tortuga. Le regaló esto a Apolo para apaciguar al dios del sol por el robo de su ganado. Apolo estaba tan encantado que entregó la manada a Hermes voluntariamente y lo colmó de regalos adicionales. Zeus quedó tan impresionado por este joven sabio que le dio un trono permanente en el Olimpo y lo nombró su mensajero personal y asistente de los muertos. Con sus sandalias aladas, viajaba a través del viento a gran velocidad. Hermes a menudo se equipara con cualquier tipo de actividad de pastoreo; ya sea una bandada de animales o una bandada de almas, Hermes es el dios al que se llama cuando desea mover una multitud.

La vida romántica del dios de los mensajeros no era diferente a la de los otros dioses en el monte Olimpo. Hermes se asoció a mortales e inmortales por igual. Sin embargo, a diferencia de su padre y su tío violador Poseidón, Hermes usaba palabras dulces para seducir a sus amantes. Sus habilidades le brindaron la compañía de algunas de las diosas y humanas más bellos de la época, incluida la diosa del amor, Afrodita. También tuvieron un hijo, el dios del amor de la intersexualidad y la androginia, Hermafrodito.

A menudo se considera que Hermes es el dios de la sexualidad masculina, tanto homosexual como heterosexual, lo que hace que su acoplamiento con la representación de la sexualidad femenina sea lógico. Algunos incluso dicen que Hermes tuvo al héroe Perseo como amante. Algunos de sus otros amantes masculinos notables fueron el rey de Tebas y un joven llamado Crocus, a quien Hermes hirió mortalmente en un lanzamiento de disco. Sintió tanto dolor por sus acciones que transformó al joven en una hermosa flor de azafrán.

Apolo

Apolo era el amo del sol. Con su gran carro de oro, sacaba a relucir el calor de Helios todas las mañanas. También era el dios de la medicina, la profecía, la curación y el tiro con arco. Tanto él como su hermana gemela Artemisa eran hábiles arqueros. Desde bebé, tuvieron las habilidades de caza de una persona adulta. Apolo también era el dios patrón de la juventud y, como tal, nunca se lo representa con una barba como a sus antepasados.

El padre de Apolo era Zeus, y su madre era la inmortal titánida Leto, diosa patrona de la maternidad, la modestia y la timidez femenina. La historia del nacimiento de Apolo, así como la de su hermana Artemisa, es similar a otros cuentos que rodean a los muchos amantes de Zeus y su descendencia. Leto fue perseguida hasta los confines de la tierra por Hera, la esposa legítima de Zeus, que era una mujer celosa e insensata. Una vez incluso se atrevió a robar el rayo de Zeus porque estaba muy molesta. El dios del trueno no mostró piedad a su esposa y la colgó del cielo con yunques atados a sus tobillos hasta que se arrepintiera y devolviera el rayo. Después de ser perseguida por Hera, Leto finalmente encontró un lugar para dar a luz a sus gemelos en las islas flotantes de Delos. Después del nacimiento de los gemelos, Hera abandonó su búsqueda, y Zeus le dio a sus dos hijos tronos en el monte Olimpo.

Al igual que el resto de los dioses y diosas del Monte Olimpo, el dios sol tenía varios amantes en su vida inmortal, y al igual que Hermes, tenía afinidad tanto por hombres como por mujeres. Sin embargo, la mayoría de los mitos amorosos que rodean a Apolo se refieren a las mujeres y, en particular, a las ninfas. Uno de los mitos más famosos sobre Apolo fue su búsqueda de la ninfa náyade Daphne. Una característica de las ninfas era su capacidad para huir de los diversos dioses, monstruos y criaturas que buscaban tenerlas o dañarlas. Dafne le hechó al dios del sol una buena carrera por toda Grecia. Finalmente, frustrada, Daphne llamó a Gaia para salvarla de las garras de Apolo. Gaia luego transformó a la ninfa en un árbol de laurel. Incluso en su estado de árbol, el dios sol la anhelaba. Hizo de la corona de laurel uno de sus tótems principales y colocó ramas de laurel alrededor del templo del Oráculo de Delfos.

Apolo probablemente tenía el mayor número de relaciones con las ninfas de todos los dioses, y produjo algunos hijos divinos muy etéreos y terrenales. Uno de los más notables es el dios del aceite de oliva, la apicultura y los vientos de Etesia, Aristeo.

Apolo también fue el asesino de la poderosa Pitón de Delfos. Las fuentes ofrecen opiniones controvertidas sobre los orígenes de la gran bestia y su forma, pero lo cierto es que Pitón era más antiguo que todos los olímpicos. Era una reliquia de los días del Caos y el gran diluvio. Algunos dicen que Pitón fue una de las bestias enviadas por Hera para destruir a la madre de Apolo, Leto. En busca de venganza, Apolo disparó a la serpiente directamente en el ojo con una de sus flechas doradas. Otros dicen que la serpiente fue puesta por Gaia para proteger el Oráculo de Delfos, un ser de inmenso poder profético. De hecho, el Oráculo era tan poderoso que llamó la atención del dios sol. La gran serpiente fue vencida con un disparo del arco de Apolo, y el dios usurpó el patrocinio de Delfos.

Ares

Ares era un hijo que incluso una madre encontraría difícil de amar. Tenía una innegable sed de sangre, pero sus brutales travesuras lo representaban bien como dios de la guerra. No era el dios más querido de todos los olímpicos. Los mortales temían a Ares mucho más de lo que lo respetaban. Había varias deidades que personificaban las actividades de guerra, pero no había nada filosófico o redimible en la opinión de Ares sobre las batallas. Le encantaba matar por deporte y profanar los cuerpos de los hombres con los que luchaba. A pesar de sus formas bélicas, Ares siempre se ha caracterizado en la mitología como un cobarde irrefutable. Y como era hijo de Zeus y Hera, tenía un trono garantizado en el Olimpo, a diferencia de muchos otros dioses y diosas.

Por lo general, se lo representa en representaciones antiguas como un hombre maduro o un joven delgado con armadura de cuerpo completo. La cualidad aparentemente agradable del dios era que el dios de la guerra nunca ha sido registrado en la mitología griega como un violador, a pesar de que la violación y la guerra siempre parecen unirse. Prefería un estilo similar al de su padre Zeus, ya que tenía un arsenal de trucos para seducir a mortales e inmortales por igual. Uno de los amantes más notables de Ares era la diosa del amor y la legítima esposa de Hefesto, Afrodita. De hecho, el dios de los herreros y la metalurgia, Hefesto, atrapó a los amantes enredados dentro de una red dorada que había hecho especial para la ocasión. Luego invitó al resto de los olímpicos a reírse de los amantes adúlteros.

De su unión, la diosa del amor y el dios de la guerra tuvieron cuatro hijos divinos: Anteros, Deimos, Fobos y Harmonia. Todos sus hijos representaron diferentes resultados posibles o tendencias humanas cuando se trata de relaciones. Anteros era el dios del amor no correspondido y correspondido. Deimos era el dios del miedo, mientras que Fobos era el dios del pánico. Harmonia era la diosa de la armonía y la madre de Sémele, que se convertiría en la madre de Dioniso, el dios del vino y la alegría.

Además de sus atributos bélicos, Ares también era el dios del orden civil y tenía un sentido muy fuerte del bien y el mal. Era muy protector con sus seres queridos, especialmente con sus hijos. Cuando su hija con Aglauros (la hija del rey de Atenas) fue violada por Halirrhothius, el hijo de Poseidón, Ares atrapó al violador en el acto y le cortó la garganta al instante. Poseidón se indignó y llevó a Ares a la corte de los dioses para ser juzgado como asesino, pero los dioses declararon por voto unánime que Ares debía ser absuelto de todos los crímenes.

Según todos los informes, Ares parece ser el dios más dedicado a sus hijos. Podría definirse en términos modernos como un "padre muy práctico". A casi todos sus hijos les prestaba atención, especialmente si mostraban promesa y destreza en el campo de batalla. No importaba si eran niños o niñas; Ares trataba a todos sus hijos por igual. Algunos de sus más famosos e intrépidos hermanos son la raza amazónica de mujeres guerreras. Sí, las mismas amazonas que más tarde inspirarían la icónica cultura guerrera femenina de la propia Mujer Maravilla. Ares tenía a sus hijas favoritas seleccionadas, pero adoraba a todas las amazonas, y las llenaba de armas y artillería, respaldando constantemente sus esfuerzos de guerra. Sus dos hijas favoritas eran las reinas amazónicas Hipólita y Pentesilea, a quienes regaló cinturones de guerra, escudos y lanzas. Definitivamente podría ser considerado el "padre del año".

Eros

Eros es más comúnmente representado y personificado como un bebé en las representaciones modernas, pero su caracterización en las antiguas obras de arte griegas es mucho más adulta. Todavía tiene sus alas distintivas, así como su arco y flecha, pero el Eros de la mitología se considera un joven hermoso, imberbe, pero definitivamente en la cúspide de la edad adulta, probablemente alrededor de los diecisiete años.

Algunos dicen que el dios masculino del amor fue el producto de Afrodita y Ares, mientras que otros mitos sitúan su origen al principio de los tiempos. En esta narración, se considera que Eros es uno de los seres primordiales originales, lo que lo convertiría en hermano de Pontus, Gaia y Erebus. Dicen que el amor hace girar el mundo, y parece que Eros ha estado presente desde los albores de los tiempos. Dado que los dioses y las diosas, así como los Titanes, se perseguían románticamente desde el primer día, es seguro decir que Eros es probablemente mucho más antiguo que los Olímpicos.

Es uno de los dioses más traviesos, ya que haría que los mortales y los inmortales se enamoraran disparándoles con sus flechas mágicas de amor. Lo hacía por mera diversión. De hecho, era uno de los dioses más impredecibles e incontrolables. Ni siquiera el poderoso Zeus podía controlar al pequeño desviado.

Por ser una de las fuerzas de amor más antiguas del mundo, Eros no ganó tantos amantes. La historia de amor de Eros y Psique es una de las más populares en el mundo de hoy. Según la historia, Psique era una bella princesa del mundo mortal, la hija de un rey griego sin nombre. Era tan hermosa que los hombres de Grecia se alejaron de los templos de la diosa del amor para adorar a la encantadora princesa. Era necesario inventar nuevas palabras para describir las exquisitas complejidades de su belleza.

Afrodita, siendo Afrodita y propensa a un alto grado de celos, no estaba contenta con esto. Buscó solucionar su problema de Psique casándola con el hombre más horrible del mundo. Naturalmente, para hacer que los mortales se enamoren mágicamente, se necesitaría la ayuda de Eros y sus flechas mágicas de amor. Eros voló para cumplir con su deber. Sin embargo, cuando se encontró con la princesa, quedó prendado de su belleza y no pudo cumplir su tarea. En cambio, llevó a Psique a un palacio secreto, escondido lejos de la vista de Afrodita.

Psique revivida por el beso de Cupido por Antonio Canova, 1787–1793. Este trabajo se basa en una historia de The Golden Ass[2]

La visitó allí noche tras noche, y yacían juntos en dulce felicidad antes de que cayera la mañana. Siempre la dejaba antes de que la primera luz del día pudiera revelar su identidad. Él le ocultó este secreto y le pidió que nunca lo mirara y que le diera su absoluta confianza en que él era su amor. Psique y Eros estaban muy enamorados, y ella era completamente suya. Se entregaba a él noche tras noche y confiaba ciegamente en él.

Sin embargo, su felicidad no iba a durar. La hermana de Psique estaba celosa de la felicidad de su hermana. Quería arruinar su alegría, y le dijo a Psique que su amor secreto era un monstruo horrible, incapaz de ser visto por ojos mortales.

Al principio, Psique no prestó atención a las palabras tóxicas de su hermana, pero a medida que pasaba el tiempo, empezó a dudar seriamente. Eventualmente, llegó a ser demasiado, y una noche, tomó una lámpara de aceite y miró a su amor secreto. Para su sorpresa, allí estaba el más hermoso y deseado de todos los dioses. Cuando estaba a punto de retirarse, una gota de aceite cayó de su lámpara sobre el hombro del hombre. Eros se despertó aturdido y huyó de Psique. La pobre muchacha estaba angustiada. Su falta de confianza también había hecho que el amor y la confianza de Eros echaran a volar. Aún así, no podía renunciar a él, y lo buscó por toda Grecia.

Desafortunadamente, Psique se encontró con el palacio del templo de Afrodita, cuyo odio y celos por Psique aún ardían, tal vez aún más por romper el corazón de su vasallo favorito. Obligó a la pobre niña a completar una serie de tareas agotadoras y humillantes. Eros, que todavía estaba profundamente enamorado de Psique, se escondió y la ayudó en cada tarea para que saliera victoriosa y ganara el favor de la diosa del amor. Con el tiempo, a Afrodita comenzó a caerle bien y la reunió con Eros, quien la convirtió en su esposa, una inmortal. Se convirtió en la diosa del alma. Le otorgó un par de alas de mariposa para que siempre estuviera con él en los cielos, y tuvieron un hijo llamado Hedone, que era la diosa del placer sensual.

Hefesto

El comienzo de vida de Hefesto no fue brillante ni alegre. Cuando lo sacaron de su madre, Hera, la diosa de la maternidad y el parto, ella vio su forma enfermiza y lo arrojó desde el monte Olimpo. La parte superior de su cuerpo estaba sana, pero sus piernas no parecían haberse desarrollado adecuadamente, y no había espacio en el Olimpo para la imperfección, al menos en la mente de Hera.

Sin embargo, Hefesto no murió en la caída. Fue rescatado por la diosa del mar Tetis y sus hermanas y llevado a una gruta submarina, donde lo criaron en secreto, sin el conocimiento de su odiosa madre, que presumía que estaba muerto. Con el paso de los años, la fuerza de Hefesto creció. Mientras la parte inferior de su cuerpo quedó inutilizada, entrenaba para fortalecer su parte superior. Esta fuerza lo convirtió en el mejor artesano y metalúrgico del mundo. Hizo hermosos collares y broches para Tetis y sus hermanas, quienes lo amaban mucho.

Un día, cuando Tetis estaba tomando sol en la playa, Hera miró hacia abajo desde su percha en el cielo y vio las hermosas joyas que adornaban a Tetis. Exigió que la diosa le informara dónde había adquirido piezas tan exquisitas. Tetis reveló que había sido su propio hijo abandonado. Hera se llenó instantáneamente de arrepentimiento y le rogó a Hefesto que regresara al monte Olimpo. Ella se ofreció a construirle el taller más impresionante y bien equipado de todo el mundo y darle a la hermosa Afrodita como su esposa. Hefesto aceptó y regresó al Olimpo como un prodigio. Su trabajo era el orgullo y la belleza del Olimpo. Hizo armas, armaduras y tótems para todos los dioses y sus hijos. Incluso hizo dos mujeres de oro que utilizaba para ayudarle a caminar.

A Hefesto también se le atribuye ser el creador de la primera mujer, Pandora (sí, esa Pandora que desató todos los males en el mundo), como castigo para la humanidad. Durante la creación de la humanidad, Zeus estaba en contra de proporcionar al hombre el conocimiento del fuego. Prometeo, el creador de la humanidad, quería más cosas para sus creaciones, por lo que robó el secreto del fuego y se lo dio a la humanidad. Zeus estaba furioso con Prometeo. Ordenó que el titán fuera encadenado en la ladera de una montaña en el inframundo para que un buitre se alimentara. ¿Quién cree que hizo esas cadenas tan fuertes como para someter a un titán? Claro que fue Hefesto.

Además, Zeus equilibró las cosas nuevamente y retrasó el desarrollo del hombre con la creación de la primera mujer. La leyenda dice que Hefesto la moldeó a partir de la arcilla de la orilla de un río, no muy diferente a la mayoría de los mitos de creación que rodean a la humanidad, ya sea que esos mitos se originaran en América del Norte o en Jerusalén. Le dio rasgos encantadores similares a los de las diosas inmortales y le otorgó una voz y una mente que buscaban deshacer el espíritu del hombre. En otras palabras, las mujeres eran el "talón de Aquiles" de los hombres.

Dioniso

La historia del dios griego de la fiesta y la alegría comenzó con un alto grado de muerte y angustia. La madre de Dioniso, Sémele, fue asesinada durante su embarazo. Hera vio el amor de su esposo por la princesa de Tebas y engañó a Zeus para que conjurara un rayo que golpeó a Semele en el pecho y la mató al instante. Zeus tuvo que actuar rápidamente si quería salvar a su hijo por nacer. Entonces, sacó el feto que aún estaba creciendo dentro del vientre de Sémele y cosió a Dioniso en su propio muslo, donde continuó desarrollándose. Esta no era la primera ni la última vez que Zeus daba a luz a un niño de su propio cuerpo. La hermana de Dioniso, Atenea, nació del cráneo de su padre.

La animosidad de Hera hacia las muchas esposas y amantes de Zeus solo podía ser igualada por el crudo desprecio que mostraba hacia su progenie. Continuó acosando a Dioniso, que se escondió con éxito durante años gracias al sátiro Sileno y su banda de ninfas del Monte

Nisa. Fue durante su tiempo con Sileno que Dioniso descubrió por primera vez los secretos del cultivo de uvas para el vino y enseñó a los mortales a hacer la libación.

Finalmente, Dioniso se fue a vivir con su tía para estar mejor protegido de Hera. La hermana de Sémele, Ino, y su esposo, Atamante, recibieron a Dioniso en su casa. Sin embargo, las alegrías de criar a su sobrino no iban a durar. Hera finalmente encontró al niño y a sus padres adoptivos, y llevó a Atamante a la locura, lo que provocó que asesinara a su hijo y llevara a Ino y a su otro hijo a saltar desde un acantilado. (Algunas versiones dicen que Ino fue la que se volvió loca).

No hace falta decir que Dioniso fue arrojado al viento. La experiencia lo volvió loco, y así comienza su larga historia como el dios no solo del vino y las festividades, sino también de la locura. Dioniso haría mucho daño a la mente de los mortales a lo largo de su mandato como olímpico.

Antes de ganar su estatus en el Olimpo, fue perseguido no solo por inmortales, sino también por la humanidad. No respetaban al dios del vino, y trataron de atacarlo a él y a su divinidad más de una vez. Uno de los principales perpetradores para intentar tal maniobra fue el rey de Tebas. Dioniso tomó represalias llevando a todas las hijas del rey a la locura, provocándolas a desgarrar a su padre miembro por miembro.

Finalmente, Dioniso fue recibido de nuevo en el Olimpo por su padre, tras demostrar ser digno con su estilo de vida despiadado y despreocupado. Dioniso se adornaba con pieles y llevaba una corona de enredaderas alrededor de su cabeza. El dios del vino era atendido constantemente por su culto a los sátiros y las ménades, que eran incomparables en su locura y antojos de vino, sexo, caza y, ocasionalmente, carne humana.

El propio Dioniso tenía un apetito sexual bastante insaciable y le atraía casi cualquier cosa que se moviera. A menudo emborrachaba a doncellas y ninfas y luego procedía a salirse con la suya. Una de estas violaciones resultó en gemelos, el primero de los cuales fue comido por pura rabia por la madre. Dioniso finalmente se casó con la princesa Ariadna, que había sido abandonada por Teseo en una isla desierta y más tarde fue rescatada por el dios del vino.

Dioniso también tuvo algunos amantes masculinos; de hecho, ahí es donde vemos emerger el lado más cariñoso del dios. Se lo describía como un joven guapo y tuvo muchos amantes igual de guapos. Por ejemplo, estaba el joven sátiro Ampelos, que fue asesinado mientras intentaba montar un toro salvaje. Este fue añadido como una constelación entre las estrellas por el dios del luto. Ampelos se convirtió en la constelación Vindemiatrix, el recolector de uvas.

Capítulo 5: Las diosas

Hera

Sin duda, si los celos, la codicia y la impulsividad tuvieran forma humana, sería la forma de la diosa Hera. Era la diosa patrona del matrimonio, el cielo y las mujeres. Era la reina de los olímpicos y una verdadera molestia, en particular, para su esposo. Hera no soportaba los numerosos romances de su hermano-marido Zeus.

Si bien Hera estaba destinada a ser la protectora de las mujeres, no tenía reparos en dañar a las mujeres que despreciaba, generalmente aquellas que eran víctimas de la naturaleza infiel de Zeus. La lista de sus víctimas es infinita. A menudo, Zeus transformaba a sus amantes en animales salvajes para salvarlos de la ira de su reina, pero Hera era tan astuta como su esposo y cazaba a estas mujeres tanto en forma humana como animal. En orden alfabético, estas eran Egina, Elara, Nix, Semele y Eris.

Lo interesante es que, a pesar de sus inmensos celos, nunca tuvo ningún romance propio. Increíblemente, se mantuvo leal a Zeus durante todo su matrimonio. En los primeros años de su noviazgo, eran realmente una de las parejas más felices del mundo. Su boda fue un asunto tan alegre que duró doscientos años.

La diosa era muy crítica y, a menudo, la primera de los olímpicos en infligir castigos a mortales e inmortales por igual. Como Afrodita saltaba de cama en cama, incluidas las de Dioniso, Adonis y Zeus, Hera maldijo su embarazo (la identidad del padre sigue siendo desconocida, ya que existen muchas versiones diferentes del mito). Puso las manos sobre el vientre hinchado de Afrodita y maldijo a su hijo para que naciera con una forma bulbosa y un pene demasiado grande. Al principio, Afrodita rechazó a su hijo, pero todo salió bien al final. El niño, Príapo, usó sus enormidades a su favor, y se convirtió en el dios de los huertos. Su miembro gigante era vinculado a la fertilidad y al gran crecimiento de los cultivos. Al final, las acciones de Hera tuvieron un resultado positivo, incluso si la intención era maliciosa.

Ella tenía algunos héroes favoritos, siendo el principal Heracles, que comenzó siendo enemigo de la diosa, pero pronto ganó su amistad y admiración a través de sus actos heroicos. Ayudó activamente en el éxito de Jason y la búsqueda del vellocino de oro por parte de los argonautas. En muchos sentidos, la brújula moral de Hera para la justicia estaba siempre ajustada. Aunque este lado de Hera no se veía tan a menudo como su lado vengativo, tenía un fervor por la búsqueda de la justicia que coincidía con su belleza. Esta diosa no retrocedía ante nada ni nadie.

El rey griego de los lápitas, Ixión, una vez intentó violar a la diosa. Escapó de las garras del rey Ixión y llevó el asunto a su señor y esposo, Zeus. Zeus no condenaría a este hombre sin pruebas concretas de sus crímenes, entonces intentó atrapar a Ixión con una nube que tenía la forma de Hera. Ixión alcanzó a la nube y luego se jactaba de haber estado con la diosa. Fuera verdad o mentira, no debería haber presumido, ya que Zeus sin duda estaba escuchando. Zeus lo detuvo y lo ató a una rueda que giraba constantemente en el cielo.

Deméter

Deméter era la diosa de la agricultura y, más específicamente, de los granos. A menudo se la representa como una mujer mayor que lleva paquetes de trigo con una corona de oro sobre su cabeza. Ella sostenía la tierra con su generosidad, y por esta razón, ejercía un tremendo poder e influencia entre los olímpicos. Cuando su ira estalló, causó una hambruna sin precedentes. De hecho, su principal arma de castigo era hacer que los mortales sintieran hambre. Esta fue su sentencia para Erisictón, quien se atrevió a incitar la ira de Deméter cortando la arboleda sagrada de la diosa.

Como una verdadera madre, Deméter mostró una gran cantidad de favor y cuidado a toda la humanidad. Tomó a muchos semidioses bajo su ala a quienes consideraba dignos de su patrocinio. Uno de estos héroes fue Triptolemos. Era un príncipe eleusino que acogió a la diosa

Deméter muy amablemente cuando su hija Perséfone desapareció, tiempo durante el cual recorrió la tierra, sin beber néctar ni ambrosía. Triptolemos le ofreció a Deméter palabras reconfortantes, lo que la animó a proseguir su búsqueda de su hijo más querido. Como recompensa por su corazón y hospitalidad, Deméter le enseñó las formas de cultivar granos y lo convirtió en heraldo para que pudiera entregar los secretos de la tierra a todos los hogares. Este era un inmenso honor y responsabilidad; a los Titanes y otros dioses ni siquiera se les había otorgado tanta confianza. Incluso le regaló un carro de alas doradas a Triptolemos para que pudiera llevar sus regalos por todo el mundo con facilidad.

Deméter tuvo un buen número de amantes en su vida, pero mucho menos que el de sus hermanos y otras diosas. Le gustaban los mortales más por lo que eran como personas que por su legendario buen aspecto o sus escasas hazañas. El único amante consensual inmortal que tomó fue su hermano Zeus, lo que resultó en el nacimiento de la diosa y reina del inframundo, Perséfone.

Aunque Hera era la verdadera esposa de Zeus, siempre sentía un profundo amor por su hermana Deméter y era conocido por atacar a sus amantes por celos y prejuicios extremos. Esto es lo que le sucedió al pobre Yasión, un príncipe de la isla de Creta. Se acostó con la diosa en un campo arado y fue asesinado casi instantáneamente por el rayo de Zeus. Sin embargo, Zeus no llegó allí lo suficientemente rápido, e Yasión impregnó a Deméter con gemelos: Plutón y Filomelos.

De hecho, había algo en Deméter porque casi todos sus hermanos querían acostarse con ella o casarse con su descendencia. Poseidón, fiel a su naturaleza, incluso violó a su propia hermana. La leyenda dice que Poseidón persiguió a Deméter con implacable "pasión" mientras buscaba a Perséfone. Este momento fue uno de los más bajos y vulnerables de la historia de la diosa. En un intento de escapar de las garras de Poseidón, Deméter se transformó en una yegua y comenzó a pastar en un campo abierto. Poseidón no fue engañado tan fácilmente y salió de detrás de ella como un semental y la tomó con fuerza. De esta unión nació el caballo inmortal Arión. Se convertiría en el caballo de muchos héroes prominentes, incluidos Oncio y Heracles.

Hestia

Hestia fue la primogénita de Cronos y Rea; por lo tanto, fue la primera en ser tragada y la última en ser regurgitada. Sin duda, Hestia parecía ser la más talentosa y segura de todos sus hermanos. Los otros olímpicos originales y, para el caso, las generaciones posteriores también, podrían ser inseguros, celosos y dependientes unos de otros y de los mortales para asegurarse de su divinidad. Hestia nunca se comportó de esa manera, y desde el principio, parecía poseer una sabiduría y una autoconciencia poco comunes entre los dioses e incluso entre los titanes. Se cree que su apariencia física es la de una mujer mayor. Por lo general, lleva velo y sostiene una tetera.

Había varias diosas vírgenes entre los olímpicos, pero la primera era Hestia, que era la diosa de la casa y el hogar. Proporcionaba luz durante la noche en todos los hogares de Grecia. La calidez que proviene de ella no es solo una luz física, sino también una luz emocional. El fuego de Hestia era lo que cocinaba las comidas del mundo y unía a la humanidad. Las comidas y la bebida eran algunas de las actividades de camaradería más grandes de Grecia, por lo que, naturalmente, la diosa del hogar era muy venerada entre los diversos cultos de Grecia.

El vínculo entre Hestia y el fuego es el concepto de transformación. Los símbolos y las sustancias se consumían en el fuego y se transformaban. Esto significaba que algunos de los sacrificios dedicados a los dioses a través del fuego se dedicaban también a Hestia. Sin ella, la adoración griega no habría tenido sentido, independientemente de si la adoración estaba dirigida a los otros dioses y diosas. "Entre los hombres mortales, ella era la jefa de las diosas".[i]

Aunque los mitos que rodean a la diosa son pocos, Hestia tiene bastantes himnos en su honor. Fue aclamada como una de las más respetadas y honradas de los olímpicos, con su voto de castidad protegido y aplicado por el propio rey de los dioses. Incluso Poseidón optó por un enfoque más digno en su búsqueda de Hestia. En lugar de dirigirse directamente a sus tendencias violadoras, le pidió a Zeus su mano en matrimonio. Zeus se la negó, por supuesto, y a Hestia se le dio la vigilancia del hogar divino en el Olimpo.

Hubo otro incidente en la historia romántica de la diosa en el que su castidad casi fue quebrada. La bella titán y madre de los olímpicos, Rea, estaba organizando un banquete para todos los inmortales ilustres y divinos del mundo. Dioses, ninfas, sátiros y espíritus por igual asistieron a su festival, en el cual abundaba el vino. La bella Hestia apoyó la cabeza

---

[i] Homeric Hymn 5 to Aphrodite 18 ff (trans. Evelyn-White) (Greek epic circa 7th-4th BCE).

en el suelo durante un breve hechizo para descansar. Nunca sospechó que estaba siendo observada. Príapo (el dios superdotado de los huertos) vio la figura de una mujer descansando en el suelo. Todavía se debate si sabía que era la diosa o alguna ninfa del bosque al azar. Sin embargo, se acercó a ella con lujuria y trató de forzarla. Justo cuando estaba a punto de saltar, un burro que estaba atado a un árbol cercano hizo un ruido fuerte y despertó a la diosa. Gritó al ver el enorme miembro de Príapo, y alertó así a los invitados de aquella situación. Príapo huyó antes de que todos llegaran, pero su nombre conllevó una gran vergüenza desde ese día en adelante. Esto probablemente se debía a que Hestia era muy venerada por dioses y mortales por igual.

Atenea

Podemos pensar en Atenea como una mujer preparada para todo. Era la diosa patrona de la sabiduría, las artes y la artesanía, la estrategia de batalla, el tejido y la cerámica, y era la diosa patrona de los héroes. Su identificación con la guerra es totalmente diferente de la de su hermano Ares. Atenea veía la guerra como un momento para que los hombres mostraran que su ingenio podía llevarlos a la victoria, y no la fuerza o el músculo. La diosa podía defenderse en batalla y una vez participó en una pelea con el dios de la guerra, Ares, en la cual salió victoriosa. Por esta razón, los héroes que tomaba bajo su protección generalmente eran los más brillantes, inteligentes y curiosos entre los hombres. Podríamos decir que Odiseo era su hombre favorito entre los mortales.

También fue la atleta olímpica más acreditada a la hora de enseñar una variedad de habilidades a la raza humana. Incluso venció a su tío Poseidón por el dominio de Atenas, la *polis* griega más innovadora y progresista. Según la leyenda, los dioses entraron en una competencia de regalos para ver quién podía proporcionar el regalo más querido a la gente de Atenas. Poseidón proporcionaba a la gente todo un mar, donde podían pescar y navegar las olas para encontrar nuevas islas. Atenea decidió plantar un olivo para la gente. Los dioses y los hombres juzgaron que Atenea era la vencedora, y desde entonces, el árbol de la vida, el olivo, se ha fortalecido en la Acrópolis. Algunos incluso dicen que cuando los persas conquistaron Atenas, devastaron el árbol de Atenea. Al día siguiente, el árbol volvió a crecer, y duplicó su altura en el proceso.

Hay muy pocos momentos en la mitología griega en los que Atenea no tiene éxito. Desde su nacimiento, estuvo lista para la acción, y fueron las mismas circunstancias que rodearon su nacimiento las que la convirtieron en una de las más famosas y queridas de todos los dioses y diosas del monte Olimpo.

La madre de Atenea era la inmortal titánida Metis, patrona de la sabiduría y el consejo real. Fue la primera esposa oficial de Zeus y, como tal, Zeus la consideró su confidente más confiable y su mano derecha en todos los asuntos. Era inteligente, tal vez demasiado inteligente. Zeus era, de hecho, hijo de su mismo padre y temía que Metis o su descendencia pudieran tener más favor con los dioses y la humanidad y, por lo tanto, usurpar su trono algún día. Siguiendo el consejo de Gaia, Zeus devoró a su esposa para que sus poderes de determinar entre el bien y el mal con facilidad se filtraran en su propia conciencia.

Sin embargo, el gran Zeus no sabía que Metis estaba embarazada. Al final del período de gestación de Atenea, Zeus desarrolló un horrible dolor de cabeza. El dolor era mucho mayor que cualquier cosa que el dios hubiera experimentado antes. Tenía tanto dolor que llamó a Hefesto y le rogó que le abriera la cabeza con su poderosa hacha para que lo que hubiera allí pudiera escapar y proporcionarle algo de alivio. Hefesto se mostró reacio, pero hizo lo que Zeus le ordenó. Levantó su hacha y golpeó el cráneo de Zeus. De allí salió Atenea, completamente armada con una lanza, un escudo y un casco. No hubo primeros pasos ni infancia para Atenea; ella nació adulta. Al instante tuvo un profundo sentido de autonomía, el espíritu implacable de su padre y las opiniones de su madre sobre el bien y el mal.

Cerámica que representa el nacimiento de Atenea de la frente de Zeus, c. 570-560 a. C. [3]

Atenea estaba demasiado ocupada en su superación personal y la de la humanidad para desarrollar cualquier tipo de deseo sexual. Los veía como sus alumnos, no como sus juguetes, pero tampoco buscaba la atención de ningún inmortal. Era, por supuesto, una diosa hermosa y majestuosa, pero le parecía repugnante la idea del coito. Uno de los mitos más conocidos sobre su repulsión al sexo es la transformación de Medusa. Medusa, la Gorgona de la historia de Perseo, fue una vez una hermosa doncella (también se la caracteriza como una ninfa en algunas versiones). Ella venía de la isla de Kisthene, que estaba en algún lugar del mar Rojo. Era tan encantadora que tentó al dios Poseidón, y no es de extrañar que el dios de los mares rugientes pudiera conquistarla.

La historia cuenta que Medusa intentó esconderse en el santuario de la diosa virgen, pero no tuvo éxito. Poseidón la siguió allí y la llevó al duro suelo de mármol. La diosa trató de cubrirse los ojos con su escudo, pero no pudo alejarse de su presencia. Mientras que algunos piensan que la diosa sentiría simpatía y dolor por la doncella, su reacción inicial no fue más que disgusto. Atenea sabía qué hacer para solucionar este problema de la belleza de Medusa. La transformó en un monstruo horriblemente escamoso, con serpientes en lugar de pelo y una mirada que convertiría en piedra a cualquier ser vivo de carne y hueso. Esta serpiente se convirtió en uno de los símbolos principales de Atenea y se la puede ver decorando su armadura.

Afrodita

Afrodita era la diosa del amor y la belleza, la famosa Venus de Milo, una inspiración y, sin duda, una de las diosas más villanas. La belleza de Afrodita era inhumana (literalmente desde que nació de la espuma del mar donde se habían descartado los testículos de Urano). En la mayoría de las representaciones de arte y cerámica griega clásica, se la muestra sin ropa, lo que la convierte en el símbolo definitivo de la positividad corporal en la cultura griega y romana. Los griegos se maravillaban de su cuerpo cada vez que tenían la oportunidad, que era una de las principales razones por las que los antiguos Juegos Olímpicos griegos se celebraban completamente desnudos.

Naturalmente, la diosa del amor y la belleza tenía una belleza inigualable, ¿no cree? ¡Pero eso no es tan así! Aunque Afrodita era considerada la más bella entre todas las diosas y mortales, su personalidad no era taan bella; a veces, era la antítesis de la sexualidad, la autosuficiencia y la confianza. A nadie le gusta una pareja celosa. Y al igual que Hera, Afrodita sentía demasiados celos e inseguridad. Sin pensarlo dos veces, castigaba a aquellos que cuestionaban su belleza o sus habilidades de emparejamiento. Por esta razón, tenía un gran disgusto por las diosas vírgenes: Atenea, Artemisa y Hestia. Estaba profundamente herida porque estas mujeres consideraban que su posición en el Olimpo era una pérdida de tiempo.

Aunque Afrodita era una diosa muy vana, tenía una debilidad por los hombres y las mujeres desesperados por el amor. Todos merecen compañía, pero para algunos, es más difícil de encontrar. Uno de los mitos más positivos que rodeaban a Afrodita era su favor y patrocinio del rey de Kypros (Chipre), Pigmalión. El rey había tomado su trono como un hombre célibe, y no importaba cuánto lo intentara él o su corte, parecía que no podían conseguirle un matrimonio. El rey era un alma gentil que cualquier mujer buscaría, pero, por desgracia, seguía soltero y en un estado de soledad perpetua. Eso fue hasta que la diosa se apiadó de él. Había escuchado las oraciones de Pigmalión y quiso encontrarle una pareja.

Podría haber enviado a su hijo Eros a hechizar a una de las muchas damas del reino, pero no sintió la necesidad de hacer eso. El rey proporcionaría su propia idea de amante ideal con una estatua de marfil. Este rey solitario tenía una naturaleza bastante artística y había trabajado durante muchas lunas en una estatua de belleza incomparable, llena de curvas. Se acostaba con esta estatua todas las noches, y la acariciaba como si fuera una mujer de verdad. Esto puede sonar un poco extraño, pero no debemos juzgar tan rápido, teniendo en cuenta todos los métodos modernos que los humanos utilizan para excitarse en estos días.

Luego llegó el festival de Afrodita, en el que se sacrificaban muchos toros en honor a la diosa. Su espíritu estaba presente en todos y cada uno de estos banquetes. Cuando el rey dio un paso adelante para hacer su ofrenda, oró a la diosa del amor y le pidió que le enviara una mujer parecida a la de su amada dama de mármol. Afrodita escuchó las oraciones del rey, y quiso complacerlo.

En lugar de enviar a una mujer de carne y hueso, la diosa hizo algo mejor. Pigmalión regresó a su cama esa noche para acostarse una vez más con la mujer de mármol. Mientras apoyaba la cabeza sobre su pecho desnudo, notó que su pecho subía y bajaba. El rey rápidamente dejó ese pensamiento a un lado, pues sabía que tales cosas eran imposibles. Sin embargo, la respiración de la dama continuaba, y cuando fue a tomar su mano, sintió el calor y la suavidad de la piel humana. Levantó la cabeza y sus ojos se encontraron con los de una doncella, joven y tímida. El rey se quedó en la cama con su amor toda la noche, dando gracias a la diosa por finalmente traerle su amor perfecto y su felicidad final.

Artemisa

La última de las diosas vírgenes era Artemisa. Era vista como una eterna joven bella y casta. Era la cazadora de la noche, la dama de la luna, la hermana gemela de Apolo y la diosa patrona de las niñas. Artemisa gozaba de todo el respeto del Olimpo y del mundo mortal. Sin duda, era una de las hijas favoritas de su padre; todo lo que Artemisa pedía, lo recibía. Zeus les regaló dos arcos y flechas dorados a ella y a su hermano para que pudieran cazar juntos. También cumplió con muchas otras peticiones divinas de su joven hija, como nombrarla diosa del amanecer y la helada que mata las cosechas, y hacer de las montañas tormentosas su dominio de caza.

Desde el primer día, su naturaleza precoz fue evidente cuando poco después de su propio nacimiento, ayudó a su madre, Leto, a dar a luz a Apolo. Esto la convirtió en la diosa del parto. Trabajó en estrecha colaboración con Hera, que era la diosa madre patrona de las mujeres y el trabajo infantil. Si bien era la protectora de los niños pequeños, Artemisa también tenía la tarea de llevar la muerte súbita y la enfermedad a las niñas pequeñas. Su hermano gemelo Apolo tenía el mismo cargo, pero para todos los bebés varones de Grecia.

A diferencia de las otras diosas vírgenes, que solían representarse como mujeres maduras, Artemisa nunca parecía envejecer. Se la veía como una niña en la cúspide de la feminidad, pero todavía lo suficientemente joven como para ser considerada una inocente sexual. Rara vez se la ve sin su corona de luna creciente, y generalmente está acompañada por un fauno o un ciervo. También se la ve siempre con su arco y su aljaba. Artemisa es el mundo natural personificado. Era cariñosa y cruel, salvaje pero ordenada, y siempre se apresuraba a ayudar a los demás cuando sentía que se lo merecían.

Artemisa, al igual que su hermana Atenea, tenía muy poco miedo a la confrontación y la batalla. Por ejemplo, ella y su hermano Apolo mataron a la pitón gigante que había sido enviada por Hera para atormentar a su madre, Leto. En defensa de su virginidad, su crueldad no tenía igual. Acteón, un joven príncipe de Tebas, una vez se encontró con la diosa bañándose y se atrevió a echar un vistazo a su cuerpo desnuda. La diosa se sintió tan violada y poco respetada que transformó al joven príncipe en un ciervo y le mandó sus perros al ataque. Los perros lo desgarraron vorazmente miembro por miembro. Exigía castigos similares a cualquier hombre que se atreviera a violar su castidad, incluso si era solo con la mirada.

Artemisa rara vez se juntaba con los otros dioses y diosas del Olimpo, a excepción de su hermano. La mayoría de las veces, prefería mantener la compañía de animales salvajes y un selecto séquito de asistentes solteras a las que protegía con el fervor de una madre osa. Los amaba, y ellos la amaban. Cuando alguno de ellos caía en desgracia y sucumbía a las tentaciones del sexo, Artemisa se apresuraba a imponer un castigo, aunque estos castigos eran mucho más misericordiosos que algunos inmortales. Se ha dicho que una de sus doncellas, Calisto, cayó presa de los encantos de Zeus y quedó embarazada. Cuando Artemisa descubrió que su propio padre había desflorado a una de sus doncellas, se puso nerviosa. En su rabia, transformó a Calisto en un gran oso y la envió al desierto para dar a luz a su hijo. Más tarde, cuando la diosa tomó su arco para ir a cazar, se encontró con el oso. No reconoció que era Calisto, y disparó. Calisto murió en el acto. Cuando Artemisa descubrió la verdad, se llenó de un remordimiento insoportable. Entonces, reprodujo la figura de Calisto en su forma de oso en medio a las estrellas para convertirla en la constelación de la Osa Mayor.

Perséfone

Se decía que Perséfone tenía una belleza tan radiante que todos los dioses del Olimpo hacían ofertas de matrimonio a Deméter por su mano, incluidos Poseidón, Ares y Apolo. Su madre no aceptaría ninguna de estas ofertas, porque su amor por Perséfone era demasiado grande para separarse de la dulce niña. Perséfone también era muy favorecida entre sus otros hermanos castos, en particular Atenea. Las dos medias hermanas se criaron juntas en la misma isla, y recogían flores juntas durante horas y horas.

El mito más famoso sobre Perséfone es su secuestro y violación por parte de su esposo/tío Hades. Él se enamoró instantáneamente en el momento en que vio a Perséfone. El dios del inframundo era una figura perpetuamente sombría, y cuando Zeus vio su afición por la niña, le dio a Perséfone a Hades como un regalo para aliviar su soledad. Tal vez se sentía culpable por su hermano que vivía en el exilio entre las oscuras profundidades de la tierra. Sin embargo, Zeus sabía que Deméter no se separaría voluntariamente de su hija, y ordenó a Hades que secuestrara a Perséfone cuando ella y Deméter menos lo esperasen.

La violación de Proserpina por Gian Lorenzo Bernini, 1621-1622. [4]

Un día, cuando Perséfone estaba recogiendo flores en un campo junto a su madre, Hades cabalgó desde una grieta oscura en la tierra. La subió a su carro y la llevó a su reino. Deméter estaba furiosa y recorrió la tierra en busca de su hija. Durante nueve días, la diosa vagó por la tierra, soportando todo tipo de maltratos a manos de los otros dioses.

Tampoco comió ni bebió néctar ni ambrosía durante todo este periodo. Cuando descubrió que su hermano se había llevado a Perséfone, se acercó a Zeus en el monte Olympus y exigió la liberación de su hija. Zeus no obedeció, por lo que Deméter causó hambre y flagelo en todos los animales, bosques y campos.

Finalmente, se hizo un trato para salvar a la humanidad y que no murieran de hambre. Zeus ordenó a Hades que entregara a Perséfone, pero esta no podía irse. En los primeros días del cautiverio de Perséfone, no comía ni bebía nada a modo de protesta. Finalmente, la engañaron para que comiera algunas semillas de una granada, el fruto de los muertos. Una vez que un alma comía la comida de los muertos, nunca podrían salir del inframundo.

Los dioses encontraron un punto medio. A Perséfone se le permitía salir del inframundo durante una temporada para pasar tiempo con su madre. Sin embargo, se le exigiría que regresara al inframundo cuando terminara este tiempo. La época del año en que Perséfone regresaba a la tierra de los vivos era cuando la primera luz de la primavera quebraban el frío y la nieve del invierno. Cuando estaba debajo de la superficie, el mundo se oscurecía debido a la tristeza y el dolor de su madre.

Capítulo 6: La Gigantomaquia

Demos un paso atrás. Los olímpicos habían derribado el reinado de su padre Cronos y habían encarcelado a sus hermanos con castigos atormentadores que se llevarían a cabo hasta el final de los tiempos. Aunque Gaia había pedido la remoción de su hijo del trono del mundo, no estaba contenta con los castigos otorgados al resto de sus hijos. De hecho, se burlaba de la codicia de los olímpicos. Estos niños no eran diferentes ni mejores que su hijo o su esposo. Estos dioses no eran dignos de gobernar los cielos y la tierra. Sus acciones ofendían enormemente a Gaia, y ella proclamó en su frustración: "¿Se han olvidado de venerar a la tierra, su madre?".

Desde su amargura, dio a luz a una nueva raza de niños de los vientres más profundos del Tártaro, una raza de gigantes, grandes, melancólicos, sin ley y letales. Muchas fuentes describen a los gigantes como vestidos con una armadura brillante, con barbas y cabellos que rozaban el suelo. La parte inferior de sus cuerpos estaban cubiertos de escamas, y a veces se los conoce como los hijos escamosos de Gaia. Tenían entre nueve y doce codos de altura, al menos según la epopeya griega del siglo V compuesta por Nonnus de Panópolis. La altura de un codo es de unos cuarenta y cinco centímetros o un pie y medio, lo que hace que cada gigante mida trece pies o más. Estos gigantes habían crecido en el profundo útero de su madre, y habían sido engendrados por el propio Urano. Cuando Cronos castró a su padre y arrojó sus genitales al mar, hubo varios otros especímenes divinos que nacieron de esta acción. Estaba Afrodita, que creció a partir de los propios testículos; las Furias, diosas de la venganza; y los gigantes. Esta generación específica de gigantes se conocía como los gigantes tracios, llamados así por el lugar de su nacimiento.

Gaia incitó a los gigantes a la guerra proclamando que necesitaban vengarse de ella y de los titanes derrocando al Olimpo. Necesitaban derribar a Poseidón y ponerlo en cadenas en el fondo del mar y arrancar los rizos dorados de Apolo. Tifón, la gran serpiente inmunda, podía tomar el control del rayo de Zeus, y estos gigantes bestiales podían reclamar a las diosas para sí mismos y bromear sobre la violación de Atenea, Artemisa y Afrodita. Los gigantes estaban enloquecidos y enfurecidos por las palabras venenosas de su madre, tanto que ya se creían los vencedores. Comenzaron a arrojar piedras y robles en llamas a las puertas del cielo y atormentaron a la humanidad, intentando provocar a los olímpicos a la guerra. Poco sabían que estarían en una de las mayores batallas de su tiempo.

Zeus envió a uno de sus mensajeros más confiables, Iris, y ella convocó un consejo de inmortales de todos los rincones del mundo para ayudar a los dioses en su batalla. Incluso Hades y su reina, Perséfone, salieron de su oscura morada para defender la existencia del Olimpo. Cuando todos los inmortales se reunieron, Zeus se dirigió a todos con un discurso de guerra. El siguiente extracto está traducido de la *Teogonía* de Hesíodo.

"Ejército inmortal, cuya morada es, y siempre debe ser, el cielo, vosotros a quienes ninguna fortuna adversa puede dañar, ¿observáis cómo la Tierra con sus nuevos hijos conspira contra nuestro reino y sin desmayos ha dado a luz a otros hijos? Por lo tanto, por todos los hijos que dio a luz, devolvamos a su madre los mismos muertos; que su luto dure siglos mientras llora junto a las tumbas de sus hijos".

Se cree que la guerra tuvo lugar en las llanuras de Phlegra, pero algunos creen que ocurrió en Tracia, que fue el lugar de nacimiento original de los gigantes. También hay una conexión histórica y cultural a destacar con esta ubicación. Las tribus tracias que existían al norte de Grecia eran consideradas bárbaras en comparación con la sofisticada civilización griega. Por lo tanto, la anarquía de estas tribus está metafóricamente unida a una raza de abominaciones vengativas y celosas.

Cuando comenzó la guerra, la naturaleza se desequilibró drásticamente. Cada vez que se provocaba a los dioses, había una reacción igual y opuesta en el mundo natural. Los ríos cambiaban de dirección, las montañas se derrumbaban y enormes oleajes inundaban la tierra. Además de esto, los gigantes también se armaron con los elementos de su madre Gaia para derrotar las grandes armas de los dioses. Casi nada se comparaba con la artesanía de las armas forjadas por los cíclopes de los dioses, pero los gigantes seguían viniendo por ellos´. Lanzaron grandes montañas e islas enteras contra los dioses. No era nada para ellos agarrar una isla del mar y lanzarla hacia los cielos. La totalidad de la tierra estaba en caos, pero la batalla no se detenía, y cada dios y diosa contribuía a una gran y sangrienta batalla. Sin embargo, los olímpicos más referenciados en la Gigantomaquia son Zeus, Atenea, Ares y Hera. También se presta especial atención a los aliados mortales de los dioses en esta guerra, particularmente al héroe Hércules.

Toda la atmósfera del campo de batalla estaba nublada, ya que estaba llena del polvo de las antiguas montañas y cenizas. Había tanto desorden que era difícil distinguir entre los dos ejércitos. Aún así, Ares fue el primero en cargar en la contienda, con su escudo y pechera cubiertas de rojo brillante, y su casco en lo alto de su frente. Con un poderoso movimiento de su espada, atacó en la ingle al gigante Pelorus, partiéndolo en dos. Luego procedió a cabalgar sobre la figura desmembrada del gigante hasta que sus ruedas se llenaron de con sangre y carne rasgada.

Atenea tampoco dudó en unirse a la batalla. Fiel a su naturaleza, pudo derrotar a sus enemigos con muy poca energía y mucha delicadeza. Durante esta batalla, Atenea llevaba la cabeza de la gorgona Medusa en su propio pectoral. Sabía que esto sería suficiente para detener a cualquiera en su camino. Se mantuvo firme, con su lanza y escudo colgando a su lado mientras avanzaba. El gigante Palas fue el primero en convertirse en piedra. El miedo se apoderó de él y exclamó: "¿Qué es esta sensación de hielo que se apodera de mis extremidades?". Se arrodilló con un gemido, que pronto se convirtió en roca. Frustrado por la pérdida de dos de sus hermanos, uno de los gigantes arrojó el cadáver de piedra de su hermano a Atenea. Se hizo a un lado con la misma facilidad que antes, y Pallas explotó en la montaña detrás de ella.

Hay otra versión de la muerte de Pallas que es igual de fascinante. En una furia ciega, atacó a la diosa, cuidando de girar los ojos hacia un lado mientras lo hacía para apartar la mirada de los ojos petrificante de la gorgona. Atenea no se inmutó. Con un movimiento de su escudo, desvió el golpe del gigante mientras simultáneamente traía su espada desde abajo. Con un gran golpe, cortó el brazo derecho del gigante. Con este golpe mortal, descuidó su mirada y llegó a ver el pectoral de Atenea. Esto acabó con el gigante para siempre.

Nadie podía detener a Atenea en la defensa del Olimpo. Su acto más heroico se produjo cuando logró enterrar al gigante Encélado debajo del monte Etna. A día de hoy, Encélado permanece allí, generando la lava volcánica que se agita en su interior.

El resto de los olímpicos se deshicieron de los gigantes restantes. Artemisa, buscando defender su honor, que había sido ofendido por las blasfemias de los gigantes, voló hacia la batalla armada con su arco y flecha. Mató al gigante Aigaion. Su hermano y Heracles, uno de los héroes más grandes entre los hombres, mataron al gigante Efialtes. Apolo lanzó una flecha al ojo izquierdo del gigante mientras Heracles. Hefesto superó al gigante Mimas lanzándole hierro fundido caliente a la cara.

Poseidón persiguió a Polibotes por los mares y finalmente logró derrumbarlo en la isla de Nísiros. Poseidón rompió un pedazo de la isla y lo arrojó a Polibotes. El trozo de la isla entró en contacto con el torso del gigante, aplastando sus órganos y matándolo al instante. Hermes, que estaba armado con el casco de invisibilidad de Hades, superó al gigante Hipólito. Blandió su poderosa espada y, con unos pocos golpes, partió a Hipólito por la mitad. Dioniso, armado solo con su tirso (un bastón o varita envuelto en enredaderas con un cono de hinojo montado en la parte superior, típicamente utilizado en rituales de culto helenísticos), mató al gigante Eurito.

Una imagen en una copa fechada a finales del siglo V a. C. que muestra a Poseidón atacando a Polibotes, con Gaia de fondo. [5]

41

Heracles también logró destruir al único inmortal entre la raza de gigantes: Alcioneo. Mientras permaneciera dentro de los confines de su patria ancestral, las llanuras de Pallene, no podía ser herido ni asesinado. Se le consideraba el rey de los gigantes, junto con su hermano Porfirio. Atenea encontró una escapatoria en torno a la inmortalidad de Alcioneo. Después de que Heracles disparara innumerables flechas al torso del gigante, Atenea le aconsejó que arrastrara a Alcioneo más allá de la frontera de las llanuras para que sintiera la agonía. Heracles también mató al gigante León y lo despellejó para crear una capa protectora con su duro exterior. Atenea hizo lo mismo con la piel de su víctima Palas.

Las moiras lograron hacerse cargo de algunos de los gigantes bestiales y se deshicieron de Agrios y Thoon, tras golpearlos hasta la muerte con mazas de bronce. Incluso la raza de caballos inmortales nacidos del viento y los inmortales del océano ayudaron en la batalla para destruir a los gigantes. Algunos, por supuesto, se pusieron del lado de los usurpadores. Estos eran Xanto y Balio, que se convertirían en los caballos del trágico héroe Aquiles.

Fueron estos inmortales y los nacidos de mujeres mortales que lucharon por Zeus en la guerra de los dioses los que recibieron el título olímpico de no haberlo recibido antes. Por supuesto, Zeus era el inmortal más impresionante de la Gigantomaquia, ya que puso fin al más poderoso de la raza gigante, Porfirión. Cuando Porfirión se apresuró a violar a la esposa y reina de Zeus, Hera, el dios de los cielos lanzó un rayo tras otro directamente al gigante, quien murió por los golpes.

Durante la Gigantomaquia, hubo mucha traición contra el rey de los dioses. Zeus tenía pocos aliados pero numerosos enemigos, incluso aquellos que consideraba sus amigos. Esto incluía a Olympos, un gigante de la razón que crió a Zeus y le enseñó el orden de la ley y los secretos de la tierra. Olympos traicionó a Zeus apoyando a los gigantes en su revuelta contra los dioses. Esto fue devastador para Zeus, y en su ira, destruyó a Olympos. Estaba tan afligido por la muerte de su padre adoptivo que construyó una gran tumba para Olympos y nombró el lugar de descanso en su honor para que la gente pensara que era la tumba de Zeus, lo que hizo que siempre fuera visitada y venerada. El único gigante que sobrevivió a la guerra fue Aristeo. Gaia lo llevó a la isla de Sicilia y lo transformó en un escarabajo de estiércol para que pudiera esconderse de los dioses.

Capítulo 7: Tifón

Tifón era un demonio volcánico. Sus armas preferidas eran las grandes rocas volcánicas ardientes que arrojaba al Olimpo, y de su boca salían los interminables fuegos que se almacenaban en el centro de la tierra. Existe mucho debate en torno a la paternidad de la mayor de las calamidades y el padre de todos los monstruos. Algunos dicen que era el hijo maldito de Hera, nacido de su ira contra Zeus por haber dado a luz a Atenea.

Hera, fiel a sus formas, no aceptó fácilmente la nueva "ofensa" de su esposo. Asedió la ayuda de Gaia y el gran inframundo para otorgarle un hijo que no sería de Zeus. Pidió que la Madre Gaia le diera a su hijo la fuerza para derrotar al rey de los dioses y ser enviada como una plaga para atormentar a la humanidad. Gaia se sintió conmovida por sus súplicas y cumplió con su solicitud. La reina Hera no visitó la cama de su esposo durante un año completo, no es que pareciera importarle o notarlo (tenía muchas otras cosas para distraerse). Al final de ese año, trabajó mucho para dar a luz al rey de todos los monstruos, y desde entonces, el miedo reinó en todo el mundo, incluso en las alturas del Olimpo.

Algunas otras fuentes dicen que nació de las profundidades del Tártaro y que fue el último esfuerzo de Gaia para derrocar a los olímpicos. Tifón tomó la forma de varios de los animales más poderosos y aterradores de la naturaleza. Su mitad inferior era la de una serpiente, con múltiples cuerpos largos y escamosos. Estos se convertían luego en el torso de un hombre, pero aquí era donde terminaba el vínculo de

Tifón con la humanidad. De su espalda brotaban dos grandes alas que atravesaban fácilmente las nubes y arrancaban los árboles de la tierra con un rápido aleteo. Su cabello y barba colgaban pesados como grandes y apestosas alfombras ahumadas. Sus ojos brillaban con el rojo fuego del inframundo, y sus orejas terminaban en puntas afiladas, que eran tan dentadas y peligrosas como sus dientes crujientes.

La fuerza de Tifón no tenía rival en el mundo de la mitología griega. Incluso Zeus tenía sus miedos y dudas sobre sus habilidades para derrotar a Tifón. Su cabeza era más alta que las nubes, y sus colas de serpiente se arraigaban y deformaban la tierra. Su voz bramaba y gruñía desde lo más profundo, como lo haría un león o un toro mientras se prepara para atacar. Se decía que su grito de guerra era el grito de todas estas bestias juntas, junto con un suave coro de silbidos.

Tifón es conocido como el padre de todos los monstruos. Con la gran serpiente Echidna, lograron concebir algunos de los monstruos más temidos y respetados entre los hombres y los dioses. Estos niños ocupan un lugar destacado en otros cuentos, a menudo interpretando el papel estándar de "oponente del héroe griego" o, mejor aún, "criatura que debe ser asesinada para demostrar el valor de uno ante un grupo de inmortales quejumbrosos". A menudo, estos monstruos no instigaban la pelea. Sin embargo, los hijos de Tifón y Equidna también dieron a luz algunos bebés monstruosos que causaron serios dramas. Entonces, la villanía era definitivamente un asunto familiar en la mitología griega.

El primer hijo que dio a luz Equidna fue Ortro, el sabueso del gigante Gerión. Ortros era un perro de dos cabezas con cola de serpiente. Ortros tenía la tarea de proteger el ganado rojo de Gerión en la isla de Eritia. Era feroz y dedicado a su misión. Fue asesinado por el héroe Heracles, quien fue enviado a buscar uno de estos preciados ganados como uno de sus doce trabajos. En el proceso, el maestro de Ortros también fue asesinado. No todos los hijos de Tifón perseguían el mal día y noche; algunos eran solo monstruos promedio comprometidos con la tarea que se les había encomendado.

De la unión de Tifón con Equidna también surgió el empleado más famoso de Hades y el guardián de las puertas del inframundo: Cerbero. Este monstruo comía carne cruda y tenía tres cabezas feroces que giraban y golpeaban todo. Evitaba que las almas escaparan de su destino en las oscuras profundidades de la tierra. Sin embargo, podría ser superado con el trabajo en equipo. Al igual que Ortros, Heracles también fue acusado de la captura de Cerbero como uno de sus doce trabajos. Tuvo éxito solo con la ayuda de la reina del inframundo, Perséfone, y Atenea. Fue un trabajo interno con la logística del estratega más inteligente del Olimpo, posiblemente del mundo.

Su tercer hijo, la Hidra, nació de la gran serpiente, pero se alimentó del pecho de la reina Hera. La leche de la diosa alimentó a una bestia monstruosa y altamente formidable que acechaba los pantanos de Lerna. La Hidra, mejor descrita como una "serpiente drakoniana" por Esteban de Bizancio, tenía una característica regenerativa muy especial en su cuerpo, lo que hacía que el monstruo fuera difícil de herir y matar. La bestia tenía nueve cabezas, ocho eran mortales y una inmortal, que era la cabeza del medio. Cada vez que perdía una cabeza, crecía otra en su lugar. Esta fue una habilidad descubierta por Heracles.

Tifón también fue el padre de la Quimera, un monstruo de tres cabezas que escupe fuego. La cabeza del medio era un león, la derecha era un dragón o serpiente, y la cabeza izquierda era una cabra. Todas estas cabezas estaban unidas al cuerpo de un león y terminaban con la clásica cola de monstruo de la mitología griega, que tomaba la forma de una serpiente. También tenía una ubre de cabra situada debajo de su parte trasera. La Quimera se convertiría en la madre de otros monstruos famosos, como la Esfinge y el león de Nemea.

La aparición de Tifón de las entrañas de la tierra era una clara señal de ataque. Zeus y el resto de los dioses sabían que esta nueva bestia eventualmente aparecería en las puertas del Olimpo. Los olímpicos huyeron a Egipto y se transformaron en animales para esconderse de Tifón. Era tan feroz y enloquecido por la sangre que los dioses temían por sus almas inmortales. Bueno, todos ellos menos Zeus, que buscó actuar primero antes de que Tifón golpeara con su furia. Zeus sabía que si el monstruo comenzaba a desarrollar su furioso impulso, no podría detenerlo.

Zeus llamó a Hefesto y ordenó al herrero de los dioses que forjara rayos de considerable fuerza y energía para él. Hefesto se dedicó a esta tarea día y noche. Zeus comenzó su batalla con el gran Tifón, lanzando repetidos rayos, debilitando su espíritu y comprando tiempo al rey de los dioses para decidir cómo derrotar mejor a la bestia. Zeus luego arrojó el rayo más fuerte a las profundidades del mar, abriendo la tierra y haciendo que el fuego caliente de su núcleo derritiera las capas hasta revelar la boca abierta del Tártaro. Con un golpe final, Zeus logró meter a Tifón en el pozo, y selló la grieta en el fondo del océano, encerrando al padre de los monstruos en la oscuridad por toda la eternidad.

Según la tradición, Tifón todavía tiene cierta influencia sobre los vientos de la tierra y, en particular, sobre los mares. Desde su prisión bajo las cortezas del planeta, es capaz de causar eventos catastróficos, como movimientos de la tierra y olas que asesinan a marineros y pescadores.

Cerámica griega con una representación de Zeus lanzando uno de sus rayos a Tifón. [6]

Capítulo 8: La creación del hombre, el diluvio, la nueva generación y las mujeres como maldición de la humanidad

Cuando llegó el momento de la creación de la humanidad, la tarea fue asignada al titán que había luchado con los olímpicos para derrotar a Cronos: Prometeo. Si bien había otros titanes con Zeus en la batalla por el trono del mundo, Prometeo era el más confiable de su generación. Zeus le dio un segundo al mando, su hermano Epimeteo, para ayudarlo a crear todas las criaturas mortales, seres humanos y animales por igual. Epimeteo era el titán de las ocurrencias tardías y las excusas. Era hijo de Jápeto y Clímene, y marido de la primera mujer creada. Su historia es muy similar a la de la Eva bíblica. Su nombre era Pandora. En ambas historias, se culpaba a las mujeres por liberar los aspectos negativos de la creación en la humanidad.

Epimeteo y Prometeo tampoco eran perfectos con sus creaciones. De hecho, molestaron mucho a Zeus con la forma en que eligieron manejar la creación de los mortales. Tanto los animales como los hombres se formaron a partir de la misma base: un poco de arcilla y un poco de agua para darles forma. Esto no es diferente a otros mitos de la creación. Imita la narrativa bíblica, así como algunas leyendas indígenas. Con respecto a la individualización de hombres y animales, Epimeteo no estaba pensando con claridad y dio todas las cualidades físicas depredadoras a los animales y bestias. Les otorgó largas garras para defenderse y desgarrar a otros. También les dio pelaje grueso y escamas para protegerse de los elementos. Hizo que su sentido del olfato y del gusto aumentara, e hizo que sus ojos brillaran en la oscuridad. Estas pequeñas luces aterradoras en la noche plagarían los sueños de los hombres.

Esencialmente, los hombres se quedaron temblando inútiles frente a ellos. Esto simplemente no sería bueno. Prometeo estaba dispuesto a hacer todo lo posible para preservar la dignidad y la feliz existencia de la humanidad. Entonces, para ventaja y placer de los hombres, le robó a Hefesto el conocimiento y la destreza de las artes mecánicas, junto con un pedazo de la llama divina de su taller. También tomó el conocimiento de la artesanía y el intelecto de la diosa Atenea. Prometeo se los regaló a la humanidad para que pudieran calentar sus casas, cocinar sus alimentos y trabajar sus metales. Ahora podían fabricar armas y protegerse de los golpes que Epimeteo había blindado tan fervientemente.

Cuando Zeus escuchó lo que Prometeo había hecho, se enfureció. No era el hecho de que Prometeo hubiera robado propiedades intelectuales y físicas de los olímpicos, sino lo que hizo con esos dones. Zeus tenía una relación muy tumultuosa con la humanidad. De hecho, antes de las primeras creaciones de Prometeo, había otros proyectos para la humanidad. Estos seres habían sido creados por los titanes, principalmente por las manos de Cronos y sus hermanos. Esta fue la primera generación de humanos conocida como "la generación de oro". Estos seres no querían nada y eran considerados perfectos.

Pero tal vez eran un poco demasiado perfectos. El teólogo griego Hesíodo consideraba que estos seres eran inmortales. De hecho, creía que Cronos modelaba su composición corporal de manera que les permitiera envejecer hacia atrás. Cuando estaban al final de sus días, estos seres no sentían dolor ni agonía. Simplemente volvían a su forma espiritual original y vagaban por la tierra como demonios. Cuando el reinado de los titanes y Cronos se derrumbó, también llegó el final para esta generación dorada. Probablemente se consideraban herederos iguales de Cronos, ya que habían sido sus creaciones más preciadas. Probablemente se habrían creído mejores que sus hijos reales. ¿Y por qué no? Después de todo, eran seres perfectos.

Hubo varias generaciones de hombres antes de la generación creada por Prometeo y Epimeteo. La siguiente generación de humanos fue llamada la "generación de plata". Estos seres eran creaciones de Zeus, y para asegurarse de que la historia recordara sus problemas con su padre, Zeus se aseguró de que esta generación fuera física e intelectualmente inferior a los olímpicos. Estos humanos no solo eran feos y tontos, sino también aburridos. La única tarea que Zeus les otorgó fue la adoración de dioses y la siembra de grano. Al final, la generación de plata se negó a rendir a los dioses el homenaje que creían merecer, y Zeus acabó con toda la raza y los envió al Hades para que se convirtieran en espíritus benditos del inframundo. Sin embargo, ¿qué tan positivo fue esto?

La generación que vino después era, naturalmente, la generación de bronce. Esta tercera generación era aún más deslucida que la generación de la plata. Zeus creó a estos humanos a partir de fresnos. Eran herreros guerreros, exclusivamente carnívoros y muy capaces, construían sus casas y armas únicamente de bronce. Su principal característica era que eran propensos a tomar decisiones rápidas y emocionales. Con el tiempo, esto comenzó a molestar a Zeus. Odiaba su creación por la misma razón para la que los creó, ser seres simplistas y serviles incapaces de evolucionar. Esta generación fue satisfactoria para los dioses hasta que no lo fueron, ya que eventualmente causarían guerras y disturbios, y eran demasiado estúpidos para entender que causaban su propio sufrimiento. Por lo tanto, Zeus provocó un gran diluvio e inundó el mundo para librar a la tierra de estos seres humanos sin cerebro.

Los únicos dos sobrevivientes de la gran inundación fueron el rey griego del norte de Tesalia, Deucalión, y su esposa, Pirra. Deucalión era el hijo del titán Prometeo, y su padre logró advertirle de los planes de Zeus para inundar el mundo. De la manera clásica y bíblica, Deucalión construyó un arca para salvarse a sí mismo y a su esposa de las aguas crecientes. El agua los llevó hasta la cima del Monte Parnaso. Allí, engendraron a la raza humana helénica con las piedras que dejaban atrás al subir la montaña, según las instrucciones del dios Hermes.

Después de eso vino la última generación de hombres, los hombres creados por las manos de los titanes. La verdad del asunto era que los olímpicos (sobre todo Zeus) no creaban buenos seres humanos. La mejor versión de la humanidad que llegó antes de la generación final fue, sin duda, la generación de oro, ya que no representaban ninguna amenaza o desafío significativo para los titanes. Solo cuando los titanes volvieron a participar en la creación de la humanidad, el plan finalmente se mantuvo.

En el mundo antiguo, los metales estaban simbólicamente unidos a conceptos divinos. El "estándar de oro" es una frase realmente apropiada para esta situación. Los metales utilizados para describir a las diferentes generaciones de la humanidad iban perdiendo brillo, valor y opulencia. También se arraigaban más a la tierra (metales comunes), pero eran más capaces de adaptarse y conservarse y podían usarse de varias formas innovadoras. La última generación de la humanidad, hecha de arcilla y agua, fue la versión más fundamentada. Estos hombres eran diferentes de los dioses, lo que los hacía estar a salvo de sus inseguridades divinas y vengativas.

Sin embargo, Zeus todavía los odiaba con todo su corazón. La cooperación no era uno de sus puntos fuertes, y toda la sabiduría de Zeus parecía haber abandonado su cuerpo el día en que nació su hija Atenea. Cuando descubrió que Prometeo se había atrevido a elevar a estos humanos al nivel intelectual y creativo de los dioses, obligó a Hefesto a crear un "talón de Aquiles" para la raza humana. Creó a una mujer que desataría a la humanidad todos los males del mundo.

Pandora, la primera mujer humana, fue dotada con dones extraídos de todos los dioses. Era guapa, astuta, sabia y curiosa. Este espécimen perfecto de feminidad fue regalado por Zeus a Epimeteo, quien, fiel a su forma, tomó a Pandora como esposa, sin molestarse en considerar las intenciones de Zeus. Prometeo previó el engaño de Zeus, y le ordenó a su hermano que no aceptara un regalo de bodas del rey de los dioses. El día de la boda de Pandora, Zeus le entregó un gran frasco y le ordenó a la pareja que nunca tratara de abrir el recipiente pues el gran poder oculto en su interior podría escapar incluso a través de la grieta más pequeña.

Prometeo rogó a su hermano y a su cuñada que le devolvieran el regalo, pero se negaron, pues no querían ofender al gran Zeus. Con el tiempo, la tentación creció, y Pandora ya no pudo resistirse. Levantó la parte superior muy ligeramente, y en el mismo instante, se derramaron mil horrores, dificultades que la humanidad nunca había conocido como el trabajo duro, la enfermedad, todo tipo de plagas, celos, lujuria y codicia. Este había sido el plan de Zeus desde el comienzo.

Siempre seremos nuestros mejores consejeros y enemigos. Si bien los seres humanos somos capaces de un gran amor y creatividad, también tenemos una predilección natural por el autosabotaje.

Capítulo 9: Heracles, el héroe más grande de todos

Los romanos lo conocían como Hércules, pero los griegos lo conocían como Heracles. Era el semidiós más venerado y favorecido entre los olímpicos y la humanidad. Este honor, sin embargo, tuvo un costo gigantesco, ya que Heracles, sin duda, ha soportado más sufrimiento que cualquier otro mortal griego. Incluso entre los inmortales y semidioses de la mitología griega, su lucha tiene un rango más alto.

La historia de su vida caótica comenzó el día en que nació. Desde el comienzo, vivió en un mundo de conflictos familiares y celos. Heracles era hijo de Zeus y Alcmena, esposa de Anfitrión y nieta de Perseo. Sí, el mismo Perseo que derrotó a la gorgona Medusa; también era un semidiós engendrado por Zeus. Zeus se coló en la cama de su tataranieta disfrazado de su esposo y así nació Heracles. Cuando nació el niño, su madre notó que mostraba un increíble grado de fuerza y resistencia física. Esta fue la única razón por la que logró sobrevivir a su infancia.

Hera, fiel a sus formas, no estaba muy contenta con su incestuoso esposo infiel, y honestamente, tenía motivos para vengarse. Una de las cosas más tristes de la historia de Hera como esposa es que nunca podría castigar a su esposo por su engaño. Amaba a su esposo y no quería lastimarlo. En respuesta al nacimiento de Heracles, Hera envió dos grandes serpientes para estrangular al bebé en su cuna. Heracles se salvó por primera vez gracias a su fuerza. Agarró a las serpientes y las apretó hasta la muerte.

Si Hera no podía robarle la vida al bebé, entonces le quitaría su destino. Antes del nacimiento de Heracles, Zeus había profetizado que este hijo heredaría el reino micénico y se convertiría en uno de los gobernantes más grandes que el reino había visto. Hera logró colocar a otro niño como rey de Micenas, el débil y prematuro Euristeo, hijo de Alcmena y Anfitrión. Hera engañó a Zeus para que no hiciera este juramento y, por lo tanto, Heracles fue despojado de su lugar legítimo en el trono.

Después de que Heracles lograra sobrevivir al primer intento de asesinato de Hera, la diosa se volvió loca de frustración y decidió, como último recurso, seguir con uno de sus castigos habituales. Intentó que el héroe perdiera la razón y el sentido del tiempo; quería volverlo loco. No infligió este castigo hasta años más tarde, cuando Heracles había alcanzado la edad adulta y estaba logrando reunir algo de felicidad en su vida.

Después de que Heracles derrotó a los minyanos y salvó a la ciudad de Tebas de ser destruida, se le dio a la hija del rey Creonte, Megara, como esposa. Los dos estaban muy enamorados y tuvieron tres hijos juntos. Aunque Heracles había encontrado un lugar de descanso, se lo arrebataron en un rápido momento de locura. Aunque había podido hacer frente a estos ataques durante años después de que Hera infectara su mente por primera vez, su tenacidad mental se desgastó. Un día, asesinó a su esposa e hijos. Cuando Heracles volvió a sus cabales, la pérdida no solo de su compañera de vida, sino también de sus amados hijos trajo un dolor y angustia insoportables. Después de un tiempo, decidió tomar medidas. Rastreó a Apolo, el dios de la verdad y la curación, y le rogó a su medio hermano que lo sanara de su dolor o le pusiera fin a su vida.

Apolo, que sabía lo que había hecho su malvada madrastra Hera, decidió tomar un camino diferente para ayudar a Heracles. Le dijo a Heracles que no era su culpa lo que había sucedido y que si estaba a la altura del desafío, había una manera de sanar su dolor y expiar sus acciones. Al final de este viaje, Heracles alcanzaría la inmortalidad y ya no sufriría por la pérdida de su esposa e hijos. Estas acciones se conocerían como las doce labores de Heracles. Eran hazañas de increíble fuerza física e intelectual que llegarían a definir y cimentar el lugar de este héroe en la historia mitológica.

Apolo le dijo a Heracles que fuera con su primo, Euristeo, que era a la vez su rival y el actual rey de Micenas. Tuvo que pedirle al rey que le otorgara cualquier tarea que se le ocurriera al semidiós. Heracles debía completar esas misiones para recuperar su honor. Apolo sabía que le estaba pidiendo mucho a Heracles, ya que no solo pasaría por el infierno, sino que también sufriría por el capricho de un rey a quien Heracles consideraba un hombre inferior. Esto era realmente un desafío.

Este relieve romano, fechado en el siglo III d. C., representa las doce tareas de Heracles. De izquierda a derecha, se puede ver el león de Nemea, la hidra de Lerna, el jabalí de Erimanto, la cierva de Cerinea, las aves del Estínfalo, el cinturón de Hipólita, los establos de Augías, el toro de Creta y las yeguas de Diomedes. '

Euristeo le puso a Heracles doce tareas imposibles, además de nueve tareas menores (a menudo no se incluyen en muchos mitos). Estas tareas tenían un alto riesgo de muerte y ninguna esperanza real de éxito. Sin embargo, cuando se trataba del semidiós de los semidioses, las probabilidades eran bastante buenas. La primera de estas tareas fue derrotar al león de Nemea. El mismo que mencionamos anteriormente. Era el hijo del gran Tifón. El león de Nemea habitaba una cueva en el valle montañoso de Nemea en el reino de Argolis. La piel del león era resistente a cualquier arma, por lo que para derrotar a este gran animal, Heracles tendría que enfrentarse cara a cara con el león en un desafío de fuerza y voluntad. Al estilo griego clásico, Heracles luchó con el león completamente desnudo. (Esto refleja la tradición real de la antigua lucha olímpica, que se realizaba completamente desnudo en la tierra luego de frotarse aceite de pies a cabeza. Intente visualizarlo). Logró agarrar al león alrededor de su garganta y lo estranguló. Después, Heracles despellejó al león de Nemea y usó su piel como una capa impermeable. También solicitó que la figura de su oponente se colocara entre las estrellas. Entonces, Zeus honró al gran león al elegirlo como la constelación de Leo. Este es uno de los símbolos característicos del héroe, y la piel del gran león lo ayudó en el resto de sus labores.

A continuación, Heracles viajó a los lejanos pantanos de Lerna, que estaban al lado del reino de Argos. Allí vivía la infame Hidra de Lerna con sus nueve cabezas, la mitad de las cuales eran inmortales. Esta bestia fue criada personalmente por Hera, y como tal, era como si la diosa estuviera usando a su campeón contra el héroe. Después de todo, Hera no era fanática de Heracles. Este era, sin duda, el enemigo más peligroso que Heracles había enfrentado hasta la fecha, y como tal, requería la ayuda de su buen amigo Iolaos para superar a la bestia. Por esta razón, Euristeo declaró que eso era trampa y que esto no se contaría como un éxito. Heracles tendría que realizar y completar con éxito una tarea adicional.

Hércules logró derrotar a la Hidra con la ayuda de Atenea e Iolaos. La Hidra también contaba con la ayuda de un cangrejo gigante. La diosa instruyó a Heracles sobre cómo derrotar a la Hidra. Ella le dijo que cada vez que cortara una cabeza, tendría que cauterizar la herida para asegurarse de que no creciera otra. Entonces, Heracles fue a buscar una rama de roble de un árbol cercano y la encendió. Con su arco y flecha, disparó a la Hidra en el torso para someterla el tiempo suficiente para cortar una cabeza y curar la herida. Después de haber repetido el proceso con cada una de las cabezas, solo quedaba la cabeza inmortal del medio. Aplastó esta cabeza con una roca gigante, y puso así fin al reinado de terror de la Hidra.

Tras completar el agotador trabajo y tener negada la autorización por parte del rey de Micenas, Heracles emprendió su próxima tarea, que le llevaría casi un año completo. Euristeo le había encargado la captura de la cierva de Cerinea, que se conoce más comúnmente como el ciervo dorado de Arcadia. Este animal era uno de los cinco ciervos dorados sagrados regalados a la diosa Artemisa por la ninfa Táigete, que era una de las figuras esenciales y más importantes del mundo griego natural. Era hija de Atlas y Pleione, y habitaba la zona montañosa de Laconia. Con Zeus, daría a luz a los antepasados del rey de Esparta. Los animales que regaló a la diosa eran de gran importancia para Artemisa, y los cinco tiraron de su carro.

Hércules finalmente logró capturar al animal y lo hirió con una flecha en su flanco. En un momento dado, el ciervo intentó escapar de su captor y, en la lucha subsiguiente, Heracles arrancó accidentalmente uno de sus cuernos dorados. Esto fue guardado para su custodia, y Heracles intentó llevar al animal de regreso a Micenas sobre sus hombros. En el camino al reino, el héroe fue detenido por Artemisa y su hermano Apolo. Artemisa estaba furiosa porque su animal sagrado había sido tratado de esa manera, y buscó venganza contra Heracles. Después de horas de discusión, Heracles logró calmar la ira de la diosa, explicando el objetivo de sus doce tareas. La diosa le permitió llevar al animal de regreso a Micenas mientras planeaba liberar al ciervo después de que hubiera sido presentado al rey. La tarea difícil para este trabajo específico no solo era capturar al animal, sino también sobrevivir a la ira de una diosa que normalmente no permitía tales infracciones. Probablemente hubiera preferido transformar a Heracles en un animal salvaje, uno que sería destrozado por sus perros de caza.

Después de haber recuperado sus fuerzas, Heracles emprendió su próxima tarea. Esta vez, viajó a la región montañosa nevada de Erimanto, donde se sabía que residía el jabalí de Erimanto. De vez en cuando, la gran bestia bajaba de las montañas para cazar y aterrorizar a las aldeas de hombres mortales en las tierras de cultivo de Psofis. Heracles viajó hasta la montaña nevada hasta una cueva donde descansaba el jabalí. El jabalí captó el olor de nuestro héroe y lo atacó mientras estaba de pie en la entrada de la cueva. Heracles salió rápidamente del camino, y la persecución estaba en marcha. Corrió tras el jabalí durante un buen par de horas, y finalmente atrapó a la gran bestia. Logró llevar vivo al jabalí hasta la cámara de Euristeo.

Al ver al gran jabalí, Euristeo, fiel a su naturaleza cobarde, se zambulló de cabeza en una enorme vasija pithos que estaba enterrada debajo de la tierra. Heracles aprovechó la oportunidad para burlarse de su primo y actuó como si metiera el jabalí vivo en el frasco con el rey, lo que hizo que Euristeo se acobardara aún más. Esto hizo reír al resto de la gente en la sala del trono. Cuando el rey finalmente salió de su escondite, le dio a Heracles su próximo tarea y se aseguró de que esta fuera una verdadera cobranza.

Heracles fue encargado de limpiar los establos del rey Augeas, que gobernaba sobre los epianos de Elis en la región occidental del Peloponeso. Esta no era la tarea más noble, y el trabajo debía completarse en un día, lo cual era prácticamente imposible, teniendo en cuenta que había alrededor de una semana de heces de buey apelmazadas en el suelo del granero. Fiel a sus formas, Heracles se dedicó a este trabajo con la misma intensidad que cualquier otro. Algunos dicen que se le debía pagar en oro, mientras que algunas fuentes indican que a Heracles se le había prometido una cuarta parte de los bueyes. El rey estaba seguro de que nunca tendría que recompensar a Hércules porque no había forma terrenal de que pudiera realizar la tarea en un día. El rey prometió pagarle al héroe un salario justo por su ayuda, y los dos hombres sellaron su trato con un apretón de manos.

Con su gran fuerza, Heracles logró empujar rocas gigantes hacia el río Alfeo, desviando el arroyo hacia la llanura y hacia el granero. La fuerza del agua lavó el estiércol de los veinte bueyes y barrió la suciedad y las impurezas de los establos. El rey Augeas no podía creer la facilidad con la que el héroe había completado la tarea y se negó a pagar a Heracles lo que le debía. El héroe estaba tan enojado que juró destruir todo el reino de Elis. Cuando se completaran sus labores, regresaría y exigiría su terrible venganza sobre la tierra y su gente. Su campaña se retrasó bastante tiempo después de la finalización de este trabajo debido a la falta de recursos y un ejército. Además, el héroe contrajo una enfermedad repentina. Sin embargo, cuando Heracles recuperó sus fuerzas, tomó Elis tal como había prometido y aplastó el cráneo del rey con sus propias manos.

Sin embargo, antes de todo lo que sucedió, Heracles necesitaba continuar con sus labores por el bien de su alma. El sexto trabajo fue librar al mundo de las aves del Estínfalo que vivían en el lago Stimfalía en Arcadia. Estas aves devoradoras de hombres fueron descubiertas inicialmente por Jason y los argonautas. Estas aves habían desarrollado un gusto por la carne humana y eran en el terror de Arcadia. Además de su apetito voraz, las aves también podían disparar plumas afiladas de sus alas. El parentesco de las aves es objeto de acalorados debates, pero una cosa en la que todos los antiguos eruditos estuvieron de acuerdo es que estas aves fueron criadas durante algún tiempo por el dios de la guerra, Ares. Como tal, el dios probablemente usó a las rapaces gigantes en sus batallas, aunque nunca se las nombra directamente.

Heracles no se inmutó ni un poco por lo que seguramente eran algunas aves aterradoras. Arrojó grandes piedras y las sacó de sus escondites entre los espesos arbustos y enredaderas que corrían a lo largo del lado este del lago. Cuando los pájaros volaban para atacarlo, les disparaba desde el cielo con sus flechas. Ahora puede preguntarse, ¿cómo es que nadie había podido matar a los pájaros de esta manera antes? La propulsión de las flechas de Heracles y el movimiento de su espada eran más poderosos que la mayoría de los hombres. Cuando disparaba una flecha desde su arco, la fuerza era casi similar al disparo del rayo de Zeus. La fuerza de Heracles se asemejaba más a los dioses que a los humanos.

El séptimo trabajo de Heracles presenta quizás uno de los animales míticos más famosos de las leyendas griegas: el toro de Creta. Este toro engendró al Minotauro junto a la reina de Creta, quien al ver la belleza del animal y no pudo evitar ser vencida por una lujuria inimaginable. La bestialidad no era común en la antigua Grecia, por lo que este acto habría sido muy perturbador para el griego medio.

Se decía que el toro de Creta había nacido del mar como un regalo para la humanidad del dios Poseidón, y que iba a ser sacrificado en su honor. Sin embargo, cuando el rey de Creta vio la belleza del animal, no pudo ofrecerlo en sacrificio. En cambio, sacó al toro a pastar y dio otro en homenaje al dios del mar. Obviamente, esto no era una buena idea, y Poseidón maldijo al rey, diciendo que el toro sería su ruina. Enloqueció a la criatura hasta el punto de perseguir a la reina (que a su vez se había vuelto loca de anhelo por el toro, muy probablemente por Poseidón como un acto de venganza) y aterrorizó continuamente a la gente.

Hércules ahora necesitaba capturar al animal y llevarlo hasta Micenas para presentárselo al rey. Tuvo éxito en su tarea y luego liberó a la criatura para que regresara a su isla natal. No se puede decir por qué liberó al toro y al jabalí después de matar a muchos de los otros animales y criaturas involucrados en sus labores. Sin embargo, parecería que el toro de Creta era un dios por derecho propio; ciertamente estaba en el mismo nivel divino que Heracles, ya que era hijo de uno de los tres grandes dioses: los hermanos Zeus, Poseidón y Hades. Tal vez Heracles respetaba demasiado al toro como para poner fin a su vida. No fue hasta el héroe Teseo que los días del toro de Creta llegaron a su fin, y su imagen se colocó entre las constelaciones como el símbolo astrológico de Tauro.

El octavo trabajo de Heracles fue el más devastador para su alma. Después de haber liberado al toro de Creta, Euristeo emitió una tarea más peligrosa para que Heracles completara, algo que pondría a prueba su constitución como semidiós. Heracles se había enfrentado a muchas criaturas malvadas durante sus labores, incluso criaturas que tenían hambre de carne humana. En su octavo trabajo, Heracles se encontraría con algo mucho más siniestro: un ser humano que alimentaba a sus animales con la carne de otros seres humanos.

El rey de Tracia, el terrible hijo de Ares y Cirene, era Diomedes. Alimentó a su caballo con una dieta de carne humana, lo que alejó a los pobres animales de sus suaves inclinaciones naturales, convirtiéndolos en bestias irreconocibles como caballos con agresión antinatural. En la oscuridad de la noche, Heracles, con unos pocos voluntarios muy valientes, partió para matar a los guardias de los establos del rey, después de lo cual capturó a los caballos y los colocó en un barco que esperaba en la costa. Tras capturar a los animales, Heracles despidió a los voluntarios para navegar de regreso a casa, dejando a los caballos a cargo de su escudero y viejo amigo Abdero, hijo de Hermes.

Mientras Heracles perseguía a Diomedes, Abdero fue atacado y devorado por las yeguas. Diomedes había hecho bien su trabajo; los caballos eran incontrolables, incluso para un semidiós y guerrero experimentado como Abdero. Después de que Diomedes fuera capturado, Heracles regresó al barco, donde descubrió los restos de lo que alguna vez fue su mejor amigo. Enojado, encontró al rey y lo dio vivo de alimento a sus caballos. Esto parecía calmar el insaciable apetito de los caballos por la carne humana. Heracles devolvió los corceles a Micenas y se los presentó al rey, quien una vez más se burló de los esfuerzos de Heracles. Nuestro héroe estaba demasiado devastado por la pérdida de Abdero.

En este punto, Heracles estaba cansado de luchar. Para el noveno trabajo, buscó todo tipo de caminos posibles para lograr pacíficamente su objetivo. A continuación, Euristeo le pidió que le trajera el cinturón de Hipólita. Era la reina de las amazonas y una de las mejores guerreras de Grecia. Sin duda tenía la caballería más temida. Los guerreros amazónicos eran conocidos por ir a la batalla a caballo y derribar a sus oponentes. Estos no eran guerreros ordinarios a los que Heracles se enfrentaba, y si era posible, quería evitar una pelea.

Cuando llegó a las costas de la isla de las Amazonas con su compañía de guerreros (por si acaso), Hipólita bajó a la playa con su séquito de luchadores. Preguntó por qué uno de los héroes más legendarios de toda Grecia había remado hasta sus costas. Heracles le contó de sus tareas. Sabía el peso de lo que le estaba pidiendo a la reina Hipólita. Ares le había regalado el cinturón y, como tal, era irreemplazable.

Sorprendentemente, Hipólita estaba más que dispuesta a entregar el cinturón para que Heracles completara sus tareas. Se desconoce por qué la reina mostró tanta generosidad desinteresada, pero tal vez había oído hablar de las labores del héroe y se compadeció por tener que sufrir una prueba tan terrible. Hera, sin embargo, sospechaba de Heracles y su compañía y decidió comenzar una pelea, solo para estar a salvo. Susurró a la consciencia de cada una de las amazonas que Heracles estaba allí para secuestrar a la reina. Las amazonas, unidas por el mismo pensamiento colectivo, se prepararon para la batalla, montaron sus caballos y cargaron hacia la playa. Al ver que todo el ejército se acercaba, Heracles ordenó a sus hombres que mataran a los guerreros de la reina. Metió su espada en el pecho de la reina y le arrancó el cinturón del cuerpo. Hizo una escapada rápida antes de que el ejército llegara a la orilla, llevándose un cinturón que había tratado de adquirir pacíficamente, pero lo hizo con sangre debido a las inseguridades de otra diosa. Llevó el cinturón manchado de sangre a Euristeo y lo puso ante los pies del rey. Euristeo entonces le dio a Heracles su siguiente tarea.

En la isla de Eritia, en el extremo más occidental conocido de la tierra, en algún lugar cerca de Iberia, vivía un gigante que se llamaba Gerión. Era un gigante bastante pacífico, a pesar de su presencia intimidante. Era conocido por sus tres torsos y cuatro pares de alas. Era hijo de dos grandes fuerzas de la naturaleza, Calírroe y Crisaor. Su madre, Calírroe, era una ninfa de la lluvia de su nativa Eritia, y su padre, Crisaor, era un gigante, hijo de Medusa y hermano gemelo de Pegaso. Geriónera definitivamente uno de los contendientes más fuertes a los que nuestro héroe se había enfrentado hasta el momento.

La tarea era llevar al rey Euristeo el preciado rebaño de ganado del pacífico gigante, los terneros rojos de Gerión. La luz del magnífico atardecer que caía sobre las aguas occidentales había teñido de rojo a todo el rebaño. No es casualidad que el tropo del "becerro rojo" aparezca en una de las historias más conocidas de la mitología griega, como se ve en muchas fuentes antiguas. De hecho, los griegos se movían y estaban más que dispuestos a compartir sus historias con otras sociedades y viceversa. Parte de la literatura más influyente de la historia ha salido de la región mediterránea.

Así que Heracles siguió con su tarea, pidiendo prestado su medio de transporte a Helios. El sol tuvo la amabilidad de prestarle a Heracles su recipiente de oro sólido, que era lo suficientemente grande como para remar a través del mar hasta la isla de Eritia. Por supuesto, la física de este transporte es dudosa, pero debemos sumarle el gran poder de remo de Hércules. En cualquier caso, zarpó por los mares en una taza gigante.

Para adquirir el ganado, Heracles tendría que luchar y superar los dos niveles de seguridad que Geriónhabía establecido para cuidar de su amado rebaño. La primera tarea de Heracles sería superar al pastor, el temible gigante Euritión, y luego, de alguna manera, superar al temible canino de dos cabezas Ortro. Y luego, después de eso, si continuaba entero, tendría que enfrentarse cara a cara con el propio Gerión. Uno tiene que pensar que Heracles hubiera preferido ir tras cien leones de Nemea en lugar de intentar robar cualquier ganado de Gerión. Pero la penitencia es penitencia, y Heracles tuvo que soportar este castigo para aliviar el sufrimiento de asesinar a su familia. Por supuesto, uno se pregunta hasta qué punto Hércules debía seguir sufriendo.

Hércules logró matar al pastor del ganado y luego al valiente Ortro. Finalmente, se encontró frente al terrible Gerión, que se mantuvo estoico, listo para proteger lo que era suyo. En términos de la ley, Heracles había venido a matar y robar, aunque está destinado a ser visto como el protagonista de esta historia. Sin embargo, si uno lo mira desde el otro ángulo, también es el antagonista. Al final, Heracles clavó su espada en la espalda de Gerión y luego condujo el ganado a bordo de su barco y zarpó de regreso al Peloponeso.

Hasta el momento, Heracles había completado con éxito diez de las doce tareas asignadas. Había dos más. Euristeo encargó a Heracles que recuperara las manzanas doradas del árbol de Hera y las llevara de vuelta a Micenas para que se pudiera plantar un árbol en el jardín del rey. El árbol y su fruto estaban custodiados por las Hespérides, las hijas de Nix. Eran las diosas de la luz dorada del atardecer. Se llamaban Aglaia, Eritia, Hesperidia y Aretusa.

Estas diosas custodiaban los preciosos tesoros no solo de la reina Hera, sino también de todos los inmortales. Cuando Perseo emprendió su búsqueda para matar a la gorgona Medusa, también se detuvo para visitar a las hespérides con el fin de obtener armas lo suficientemente poderosas como para matar a una gorgona. A pesar de que las hespérides estaban encargadas de la protección de estos artículos, no siempre eran el sistema de seguridad perfecto. Uno asume que su filiación les otorgó tal posición de poder.

Juntas, estas cuatro mujeres vigilaban el árbol de Hera. Fue un regalo precioso que Gaia le dio el día de su boda con Zeus. Las hespérides también eran asistidas en su guardia por una serpiente de cien cabezas que se llamaba Ladón. Heracles ya había vencido a monstruos más temibles que un dragón de cien cabezas, y como tal, esta tarea era probablemente un paseo por el parque para nuestro héroe. Retrasó fácilmente al dragón y luego procedió a tomar las manzanas por la fuerza. Luego, las transportó a Micenas para dejarlas en manos de un rey ingrato.

Atlas, el titán condenado a sostener el cielo, juega un papel interesante en la versión más popular de este mito. En su camino a recoger las manzanas, Heracles encontró a Atlas. Como eran sus hijas las que supervisaban las manzanas, pensó que a Atlas le resultaría más fácil. Sin embargo, alguien tenía que sostener el mundo y Heracles asumió la carga sobre sus hombros para que su tarea pudiera cumplirse. Atlas recuperó las manzanas según lo solicitado y luego tuvo la amabilidad de ofrecerse a entregarlas al propio rey.

Pero Heracles no se sintió conmovido por la compasión del titán. Sospechaba que si Atlas se iba con las manzanas, nunca volvería. Heracles estuvo de acuerdo, pero le preguntó si Atlas podía tomar el mundo por un momento para que pudiera sentirse más cómodo. Atlas soltó las manzanas y tomó su carga una vez más. Heracles no dudó; cogió las manzanas y corrió.

En una variación del mito, Atenea corrigió este error antes de que el precioso fruto pudiera ser abierto y sus semillas extraídas. Robó las manzanas de las cámaras personales del rey y las devolvió a las hespérides. Sin embargo, la mayoría de las versiones terminan con Heracles entregando las manzanas de manera exitosa.

La tarea final que el rey Euristeo le propuso a nuestro héroe fue recuperar al perro guardián de tres cabezas del inframundo y el orgullo del gran Hades: Cerbero. Esta tarea fue probablemente una de las más traicioneras en términos de ubicación, dado el hecho de que muchos héroes habían logrado ingresar al inframundo, pero pocos salieron victoriosos o enteros. Hércules logró capturar al perro con la ayuda de Hermes, Atenea y Perséfone. Dado el gran número de inmortales que necesitó para ejecutar este plan con éxito, imaginamos la dificultad de haberlo intentado por su cuenta. Hermes le prestó a Heracles sus zapatos alados para que ganara más velocidad. Atenea reveló las mejores maneras de atacar a la bestia usando el peso del perro contra él. Finalmente, Perséfone ayudaría a Heracles a volver a la superficie con su premio.

Después de esto, las labores de Heracles se habían completado y su culpa había sido absuelta por el delito de asesinar a su esposa y tres hijos. Al final de las labores, los dioses quedaron impresionados con la tenacidad física y mental de Heracles y le concedieron un asiento en el Olimpo, junto con la inmortalidad.

Capítulo 10: Jason y los argonautas

Los mitos griegos que involucran a los héroes más famosos, ya sean semidioses o seres humanos, siempre comienzan con algún tipo de historia de fondo dramática, una historia para construir el próximo drama del viaje del héroe. Al igual que en el mundo real, nuestras historias no comienzan con nosotros; comienzan con historias que vienen antes que nosotros, construyendo una narrativa colectiva de vidas interconectadas. El legendario mito de Jason y los argonautas se ha reflejado y extraído de varias adaptaciones. La gente todavía está volviendo a contar la moral de esta increíble historia y basando nuevas historias en nombres y conceptos utilizados en el mito original.

La historia de Jason y los argonautas comienza con un vellocino de oro que pertenecía a un carnero alado. Nadie sabe el origen de este carnero en particular. Todo lo que se sabe es el desafortunado destino del animal y el destino que proporcionó a un héroe griego. El carnero fue capturado por el rey Eetes de Cólquida y sacrificado a los dioses. Sin embargo, el vellocino dorado del carnero fue preservado de las llamas del sacrificio y guardado lejos de la luz del día y de los ojos de otros reyes mortales que buscarían poseer la riqueza inherente y el poder mágico del vellón. El rey escondió el vellón en una cueva lejana en la isla de Cólquida y empleó los servicios de un dragón que escupe fuego para proteger el vellón día y noche. Si alguna vez ha leído a Tolkien, ahora sabe dónde se origina la característica de dragón de los guardianes y el acaparamiento de tesoros, ya que este tema se empleó en el mito de Jason y los argonautas.

Siglos más tarde, en la isla de Iolco (Iolcus) en Tesalia, el buen rey Esón dio a luz a su hijo y heredero, Jasón. Como todos los buenos dramas familiares en el mundo antiguo, los lazos entre hermanos contaban muy poco. El medio hermano del rey Esón, Pelias, buscó tomar el control del trono de su hermano. Lo logró con bastante facilidad tras envenar al rey. La madre de Jasón, la reina Alcimede, no fue engañada tan fácilmente como el resto de la corte de su esposo. También es posible que ellos mismos hubieran estado al tanto del atroz asesinato de su amado esposo. Para mantener a su hijo a salvo de las garras de su cuñado, Alcimede envió a Jasón a ser criado por el centauro Cheiron (también deletreado como Quirón). Poco después de entregar a su hijo a Quirón, Alcimede murió, por la angustia de la muerte de su esposo y la separación de su único hijo, a quien estaba segura de que nunca volvería a ver.

El nuevo tutor de Jasón, Quirón, era el más sabio y el más viejo de su especie. Los centauros eran una raza y confederación tribal de hombres medio caballos que habitaban Tesalia. Quirón era, de hecho, el medio hermano de Zeus y, como tal, era una figura muy respetada en el mundo griego por su destreza como líder capaz. También era conocido por su intelecto y amabilidad. Quirón alimentó al joven Jasón, y le enseñó valiosas habilidades para la vida, como leer y escribir en varios idiomas, defensa personal y tácticas de lucha ofensiva. Quirón era la encarnación viva de la fuerza a través de la gracia, y su nombre se ve en muchos mitos griegos diferentes. Se le considera potencialmente el centauro más famoso de la mitología griega. Si alguien que lee esto alguna vez ha leído algún libro de Percy Jackson, allí aparece la figura de Quirón; él es el entrenador de todos los semidioses del mundo moderno.

Cuando Jasón se convirtió en un hombre, le pidió a Quirón que lo dejara ir ante el rey y exigiera su legítima herencia al trono. Quirón apreciaba mucho a su protegido y pupilo. No quería ver al niño que había criado ir ante un rey loco y deshonesto. Pero Quirón sabía que este era el destino de Jasón, y como tal, le dijo que fuera ante el rey, pero que tuviera cuidado. Jasón sabía que nunca podría matar a su tío en la sala del trono con tantas espadas apuntando a su espalda. Él vendría de manera diplomática y exigiría el regreso de su trono.

Años antes, el tío de Jasón, el rey Pelias, temiendo por la seguridad de su trono, visitó el Oráculo de Delfos y consultó sobre cuál podría ser su destino si Jasón regresaba. Pelias no tenía ninguna garantía de que su sobrino estuviera realmente muerto, porque no tenía conocimiento de lo que hizo Alcimede. Ciertamente, nunca habría imaginado que Jasón quedaría a cargo de una de las criaturas más temidas y respetadas del mundo antiguo. El Oráculo informó a Pelias que desconfiara de un hombre que venía antes que él sin una de sus sandalias.

Hera, que había escuchado todo lo que Pelias confesó ese día, buscó poner fin al malvado rey y su señorío sobre Iolkos. Años antes, Pelias había asesinado a su madrastra a sangre fría en la entrada del templo de Hera. Por temor a que alguien descubriera lo que había hecho, especialmente la diosa, prohibió a todos sus súbditos adorar en el templo de Hera. Hera era una de las diosas más inseguras y necesitaba mucha atención, y si no la recibía, podría llegar a ser despiadada. Definitivamente no era la persona indicada con la cual bromear, pues sabía cómo aferrarse al rencor. Siempre estaba buscando oportunidades de venganza, y esta vez, se aseguraría de que Pelias sufriera por sus crímenes contra ella y sus adoradores.

En el camino de regreso al palacio, Jasón vio a una anciana tratando de cruzar un río traicionero. Él la ayudó, pero perdió una de sus sandalias en la corriente. A Pelias le hubiera gustado cortar la cabeza de Jasón en ese mismo momento cuando vio al joven entrar en su sala del trono con una sola sandalia, pero sabía que esto empañaría su reputación como rey y potencialmente arrojaría luz sobre la muerte prematura y algo sospechosa de su hermano. A todos los gobernantes les resulta excepcionalmente difícil gobernar un reino que desprecia su propia existencia. Los reyes y reinas deben preocuparse por su reputación.

Sin embargo, Pelias era muy astuto. Trató de lidiar con el problema de manera diplomática. Le informó a Jasón que le devolvería el trono si recuperaba el codiciado vellón dorado de la cueva protegida por dragones en la isla de Cólquida. Creía que su sobrino nunca podría vencer a la bestia y que probablemente moriría en el intento.

Sin embargo, Jasón no iría solo. Encargó a uno de los mejores carpinteros de toda Grecia, Argos, que le construyera el barco más grande y robusto que el mundo griego haya visto. Bajo la guía de la diosa patrona de la artesanía Atenea, Argos construyó el *Argo*, una embarcación de veintidós metros de largo y cincuenta remos que podía navegar un espacio considerable sin hundirse. Los remos, el ancla y el mástil eran extraíbles, lo que permitía que la embarcación rodara sobre la orilla de cualquier masa de tierra. Esto evitaría que la nave fuera destruida en su ausencia o robada.

Hecho a mano con los robles y pinos de Iolkos, el *Argo* era una nave bendita, y los hombres a bordo de su robusta cubierta no eran más que los mejores soldados de toda la mitología griega. Estos hombres eran conocidos como los argonautas. La palabra argonautas se traduce del griego antiguo como "marineros de Argo", con "nauts" que significa marinero o viajero. Algunos de los héroes más famosos de Grecia vinieron a ayudar a Jasón en su búsqueda, incluido el semidiós Heracles. Los argonautas contaban con alrededor de cincuenta hombres y semidioses, que estaban dispuestos a luchar o morir por la gloria del legítimo rey de Iolco. Aunque sabían que estaban participando en un acto noble y sirviendo al rey legítimo, los hombres también querían que sus nombres fueran recordados. Estar involucrado en una búsqueda tan peligrosa seguramente haría que sus nombres se escribieran en el libro de historia griega, independientemente de si sobrevivían o no a la experiencia.

Jasón y su tripulación atracaron por primera vez en la isla de Lemnos para encontrar agua dulce y posiblemente reabastecer sus tiendas de alimentos. Cuando llegaron a las costas de Lemnos, notaron un olor nauseabundo en el aire. La isla apestaba a pescado muerto. Recorrieron las orillas, buscando cualquier cadáver de vida marina que estuviera causando ese olor tan horrible. Poco sabían que el olor provenía de los habitantes de Lemnos. Años antes de la llegada de Jasón y sus soldados, la isla de Lemnos había sido un lugar de paz y prosperidad. Eso fue hasta el momento en que sus habitantes olvidaron adorar regularmente a la diosa Afrodita. Es una ironía simbólica que incluso los dioses y las diosas, en toda su aparente perfección, fueran a menudo los más inseguros. Esto es algo que también sucede con la mayoría de los humanos.

A pesar de su legendaria belleza y su personalidad aparentemente segura, Afrodita estaba llena de inseguridades. A menudo se preguntaba si merecía su lugar en el Olimpo y, a pesar de ser la diosa patrona de una de las experiencias humanas más buscadas del mundo (el amor y el sexo), no era la más querida entre la gente de Grecia. Nadie parecía adorarla o respetarla al mismo nivel que algunas de las otras diosas, como Atenea. Tanto las mujeres como los hombres respetaban, admiraban y oraban a menudo a esa diosa. Una de las ciudades más famosas del mundo antiguo y, con mucho, la más famosa de toda Grecia, Atenas, lleva el nombre de Atenea.

Entonces, los problemas llegaron cuando las encantadoras damas de Lemnos dejaron de ofrecer oraciones y sacrificios regulares a Afrodita. Tal vez las mujeres de Lemnos estaban demasiado ocupadas con su vida cotidiana para llegar a todos los templos y santuarios, o tal vez lo hicieron como un insulto deliberado a la diosa. De cualquier manera, no terminó bien para las mujeres y sus maridos. Afrodita maldijo a todas las mujeres de la isla para que apestaran con olor a pescado, y se aseguró de que no hubiera cura. El olor era asqueroso. Arruinó la vida de las mujeres de Lemnos, pero sobre todo arruinó su vida sexual. Los maridos se alejaban de sus esposas, y las jóvenes que anhelaban casarse no atraían a ningún pretendiente. Los hombres de Lemnos probablemente eran un 10 por ciento más rápidos a pie que cualquier otro hombre de Grecia porque huían constantemente de las mujeres de su isla.

Finalmente, los maridos empezaron a acostarsef con sus esclavas tracias, que no estaban afectadas por la maldición. Enojadas y desconsoladas, las mujeres de Lemnos procedieron a asesinar a todos los hombres de la isla, incluso a los niños más pequeños. Ya no podían lidiar con el rechazo y la humillación que venían con su aflicción. Esta era la verdadera intención de la maldición de Afrodita: primero la soledad y luego la extinción total. Sin embargo, las damas de Lemnos siguieron adelante y funcionaron como cualquier sociedad griega. Eligieron a una reina para gobernar su tierra, la reina Hipsípila.

Después de un tiempo, las mujeres aceptaron el hecho de que nunca volverían a conocer el amor romántico o el afecto... al menos, de manera heterosexual. Pero aún así, tenían un grave problema de población. Aunque las mujeres sufrían, querían continuar con la cultura y la política de su isla. Pero para hacer eso, necesitaban niños. Esta era una tarea imposible. Todos los hombres estaban enterrados o se habían ido, y no podían simplemente robar hombres de las otras ciudades e islas de Grecia. Esa era una manera fácil de comenzar una guerra que de seguro perderían.

Su suerte cambió cuando Jasón y los argonautas llegaron a las costas de Lemnos. Estos marineros estaban más que listos para caer en los brazos de cualquier mujer que se cruzara en su camino. Ahora, puede preguntarse, ¿cómo demonios pudieron los argonautas y Jasón soportar el olor a pescado que emanaba de estas mujeres? Bueno, cuando Afrodita vio que su maldición se había cumplido, les dio un respiro a las mujeres y cambió las condiciones para que las mujeres apestaran a pescado muerto solo en ciertos días del año. Con el tiempo, las mujeres también aprendieron a manejar la condición con plantas nativas que crecían en la isla para que no estuvieran tan rancias cuando finalmente llegaban esos días.

Esto parecía haber funcionado bien porque después de seis años, la isla había vuelto a su población original. La reina Hipsípila tomó a Jasón como su compañero y ella fue su primera amante. Juntos, concibieron gemelos, Thous y Euneus. Después de esos seis años, a Jason le preocupaba que sus hombres se estuvieran poniendo demasiado cómodos en las camas de estas mujeres y que luego no quisieran dejar a sus nuevas familias. Entonces, ordenó a sus hombres que se prepararan para su viaje, y por la mañana, mientras sus amantes y esposas dormían, zarparon una vez más hacia el horizonte.

Viajaron por el mar desde Lemnos hasta el Helesponto y el Propontis (mar de Mármara), ahora ubicado en la actual Turquía. Lemnos era una isla griega ubicada en el norte del Egeo, por lo que, aunque el viaje no fue tan largo, los hombres aún necesitaban refrescar su suministro de agua en esta etapa particular del viaje. La tierra de los Propontis estaba gobernada por el rey Cícico. La generosidad del rey hacia su pueblo era legendaria, y era extremadamente acogedor con los extraños. Los trataba como invitados de honor bajo su propio techo.

El rey Cícico saludó a Jasón y a sus hombres con los brazos abiertos y decidió organizar un banquete fino y caro para los argonautas y brindar por la buena fortuna de su viaje. Qué celebración deben haber tenido porque los hombres del rey y los argonautas acabaron desmayados en la sala de banquetes. A la mañana siguiente, los argonautas se despertaron ante el rey, que estaba sufriendo una resaca bastante desagradable. Salieron a la naturaleza para recoger suministros para el resto de su viaje. Con toda la alegría y la bebida, el rey seguía olvidando advertir a Jasón de las terribles criaturas que plagaban su reino.

Los argonautas navegaron a otra parte del Helesponto y dejaron a Heracles a cargo del barco mientras buscaban comida y agua. Mientras Heracles yacía en la arena con el sol en la cara, escuchó un estruendo desde las profundidades de la tierra. A medida que el ruido aumentaba, el suelo comenzó a vibrar con intensidad. Hércules se puso de pie y corrió hacia el barco mientras los enormes Terrígenos irrumpían desde las profundidades de la tierra. Los Terrígenos eran gigantes con seis brazos. Heracles temía enfrentar a estas bestias sin sus hombres.

Iban a intentar atacar la nave para que los argonautas no pudieran escapar. El valiente Heracles logró contenerlos durante una cantidad de tiempo impresionante, mientras gritaba y pedía por refuerzos. Jasón fue el primero en escuchar el grito de su camarada y ordenó a los argonautas que regresaran a la nave, con sus espadas desenvainadas. Bajaron a la playa y se quedaron horrorizados con la visión de los Terrígenos. Después de muchas horas implacables de luchar contra los gigantes, los argonautas salieron victoriosos y subieron de nuevo al *Argo* antes de que llegaran más desgracias. Sin embargo, no sabían que la mayor tragedia del viaje estaba por llegar.

Cuando Jasoó y sus hombres pudieron zarpar, ya había pasado el atardecer, y navegar en los mares por la noche era difícil. Los argonautas tenían la intención de navegar lejos de Propontis, pero en la confusión de la noche, navegaron de regreso a la tierra de los doliones, los habitantes del Helesponto. El buen rey Cícico vio un barco que se acercaba a su costa desde su balcón en la sala del trono, pero no pudo distinguir a los habitantes del barco. Todo lo que vio fue la luz de sus pocas antorchas. Como el rey no esperaba más visitantes, pensó que Jasón y sus hombres eran piratas que habían venido a arrasar sus costas. El rey ordenó a sus hombres que bajaran a los muelles y les dijo que estuvieran armados y preparados para la batalla. Los argonautas no sabían que el rey y su ejército iban a liderar un ataque contra ellos. Todo lo que escucharon fueron los cuernos de guerra de alguien, y pensando que estaban lejos de la tierra de Propontis, no dedujeron que era, de hecho, su amigo y aliado el que enviaba la carga para atacarlos.

En medio de toda la confusión, el rey Cícico fue asesinado por una flecha rebelde, y murió allí mismo en la cubierta de su barco. Cuando la luz rompió el horizonte, tanto los argonautas como los hombres de Cícico se horrorizaron. Se desesperaron por la muerte de uno de los mejores gobernantes que los reinos habían visto. Celebraron un gran funeral para el legendario Cícico, y cada persona en el reino, desde la ciudad hasta el campo, vino a honrar su memoria. La multitud lloraba por una vida que se había perdido tan innecesariamente, pero ninguno más que nuestro héroe Jasón, porque se sentía responsable de la muerte de su amigo y aliado. Aunque todos le aseguraron a Jasón que la muerte de Cícico fue un accidente, provocado por el propio rey, Jasón llevó ese sentimiento de culpa absoluta por el resto de sus días.

Como si la muerte de Cícico no fuera suficiente, los argonautas aún tenían tragedia por delante. Frente a la costa de Misia, el *Argo* casi se estrelló contra un cuerpo de formaciones rocosas. Para desviar el barco a tiempo, Heracles hundió su remo en las olas y logró sacar el barco del peligro. Sin embargo, justo cuando el barco se desviaba de las rocas, el remo de Heracles se partió en dos. Le dijo a Jasón que tenía la intención de ir a tierra con Hylas, su amado escudero, para encontrar otro gran roble, del cual formaría un nuevo remo. Jasón estuvo de acuerdo, y los dos hombres se fueron al bosque.

Mientras Heracles buscaba el roble perfecto, Hylas, su pupilo leal y amoroso, fue a buscar agua fresca para dar a su maestro mientras trabajaba en el remo. Hylas encontró un lago fresco de montaña, de aguas cristalinas y brillantes, que resplandecía y parecía incluso coquetear con el joven. Poco sabía Hylas que las aguas realmente estaban coqueteando con él. Este era el trabajo de una ninfa de agua. Salió a la suave orilla rocosa del lago y atrajo a Hylas al agua con dulces palabras y besos en los pies. Finalmente, Hylas la siguió tan lejos en el agua que su cabeza se hundió bajo las suaves olas. Como estaba encantado por el hechizo de amor de la ninfa inmortal, Hylas no sabía que se estaba ahogando.

Después de un tiempo, Heracles notó que su amigo no regresaba. Hylas nunca había abandonado a su amo durante tanto tiempo. Heracles lo llamó y lo buscó por todas partes, pero su escudero no respondió. Heracles comenzó a ponerse histérico y corrió al *Argo* para solicitar un grupo de búsqueda. La mayoría de los argonautas no veían la necesidad de tal alboroto por un escudero, pero Heracles se negó a irse sin Hylas. Esto comenzó a romper las relaciones en el *Argo*. La mitad de los hombres se negaban a irse sin Heracles y el resto no quería posponer la progresión del viaje. Pronto, Jasón se enfrentó a la amenaza de un motín.

Sin embargo, Hera (recuerde, había apostado mucho por el éxito de Jasón y sus hombres) envió un mensaje al dios del mar Glauco, el dios patrón de los pescadores. Era el ser ideal para pacificar y mediar en la situación, dado el hecho de que Glauco había sido humano; había ganado la inmortalidad al comer una hierba marina muy rara creada por el propio Cronos. Glauco conocía muy bien las tensiones que podrían estar a bordo de un barco y aseguró a los argonautas que era la voluntad de los dioses que Heracles se quedara en tierra para buscar a su amigo.

Antes de zarpar una vez más, Glauco aconsejó a Jasón que dejara a Heracles como segundo al mando, por lo que Jasón ordenó a Polifemo que se quedara atrás con el héroe más grande de Grecia y se asegurara de que no sufriera ningún daño. Si Heracles perecía, sería responsabilidad de Polifemo regresar para informar de la muerte.

Ahora que faltaban dos de sus guerreros más hábiles, los argonautas zarparon con un agujero en el estómago. A pesar de que Glauco les había asegurado que esto estaba destinado, se sentían menos seguros de sobrevivir el resto de su viaje, especialmente porque estaban navegando hacia su próximo destino para reabastecer sus tiendas. En el noroeste de Anatolia se encontraba la tierra del rey Ámico, señor de los bébrices, un grupo de fornidos luchadores que eran temidos en toda la Grecia continental, Asia Menor y Micenas.

Ámico era en realidad un semidiós. Era hijo de Melia, la hija náyade del titán Océano, y Poseidón. Dado su parentesco, Ámico había heredado la naturaleza turbulenta tanto de su madre como de su padre y buscaba luchar contra cualquier extraño que se atreviera a poner un pie en sus tierras. Ver a Jasón y los argonautas rodar por sus costas enfureció e intrigó mucho al rey, ya que ya se había corrido la voz por toda Asia Menor de Jasón y los argonautas y su búsqueda del vellocino de oro.

El rey Ámico se acercó a los argonautas y desafió a Jasón a una pelea. Una de las mejores cualidades de Jasón como hombre y líder era reconocer dónde estaban sus fortalezas, y sabía que no era rival para un semidiós hijo de Poseidón. De la manera más amable, suplicó a Ámico que pudiera seleccionar a uno de sus hombres para luchar en su lugar, porque quién sería responsable del bienestar y el mando de los argonautas si él cayera. Jasón hizo parecer que su tributo elegido no tendría ninguna posibilidad de ganar la lucha contra Ámico, por lo que el rey de los bébrices aceptó la oferta de Jasón. Poco sabía Ámico que en compañía de Jasón estaba el legendario boxeador Pólux, quien también era hijo de Zeus.

La pelea fue bien emparejada, semidiós contra semidiós, y qué pelea fue. Hubo muchos momentos en los que parecía que cualquiera de los luchadores podría ser el vencedor. Los ganchos derechos golpeaban la mandíbula del oponente, y los espectadores presenciaron rápidos esquivamientos y columpios que habrían arrancado la cabeza de la mayoría de los mortales. Sin embargo, al final, Pólux superó a Ámico. Se las arregló para matar al rey con un uppercut derecho a la mandíbula inferior de Ámico. La gran cantidad de fuerza rompió la mandíbula del rey y empujó el hueso de su nariz hacia la parte delantera de su cerebro. La escena fue grotesca, y Ámico tuvo una muerte horrible.

Los bébrices se indignaron por la muerte inhumana de su rey y trataron de vengar su muerte eliminando a Jasón y los argonautas. Sin embargo, no eran rivales para el astuto ingenio e intelecto de Jasón. Jasón ya sabía que Pólux era el luchador superior, y ya se había preparado para las consecuencias de lo que sucedería si Ámico caía. A medida que la pelea entre los dos hombres se acercaba a su fin, Jasón hizo que sus hombres se movieran lentamente a su formación principal de combate para que cuando los bébrices atacaran, estuvieran listos. Los argonautas lograron hacer retroceder el ataque y condujeron a sus enemigos a las colinas.

Después de volver a abordar el *Argo*, los hombres navegaron más allá del Bósforo (un estrecho en el noroeste de Turquía) y finalmente hicieron puerto en la tierra de Tracia. Después de caminar penosamente durante algún tiempo, buscando más suministros, se encontraron con un hombre que estaba sentado disfrutando su comida del mediodía. Jasón se acercó al hombre para preguntarle dónde podrían encontrar comida cuando, de repente, dos criaturas aladas y bestiales aparecieron aparentemente de la nada y comenzaron a atormentar al hombre. Al principio, Jasón ordenó a sus hombres que no atacaran a las criaturas, pero cuando vio que el hombre era ciego y que las bestias estaban profanando su comida, él y los argonautas los atacaron y los ahuyentaron. Ayudaron al hombre a restablecer su campamento, encender su fuego y colocar una olla de comida en el fuego. El hombre estaba tan agradecido con los argonautas que los invitó a comer y se presentó como Fineo, un vidente legendario que había sido dotado con visiones del futuro. Fineo podía predecir todas las variables potenciales para los cambios en el destino de los hombres y todos los resultados potenciales del futuro.

Su mayor don también era su maldición. Fineo perdió la vista debido a sus predicciones sobre los muchos hijos de Zeus. El señor de los cielos no necesitaba que su ya enloquecida y celosa reina supiera el paradero de sus potenciales esposas e hijos. Fineo pudo haber expuesto a Zeus en cualquier momento. Fineo discutía el destino de los hombres muy casualmente, y sabía que la información podría llegar a Hera a través de su red de oraciones y espías. Además, era una diosa y estaba muy sintonizada con el mundo de las mujeres.

Zeus maldijo a Fineo, quien de repente se quedó ciego. Podría haber matado fácilmente al vidente, pero al final, Fineo fue una fuente de información útil y rara, solo secundaria al Oráculo de Delfos. La maldición de Zeus fue una advertencia, y alertó a Fineo de que debía mantener la boca cerrada a partir de ahora. Sin embargo, Zeus era muy mezquino y quería asegurarse de que Fineo no tuviera repentinamente una ola de coraje y volviera a sus viejas costumbres. Zeus enviaba a las arpías a visitar a Fineo de vez en cuando. Atormentaban e intimidaban al anciano, recordándole quién estaba a cargo. Esta tortura era demasiado difícil de soportar, y traumatizaba a Fineo hasta el punto de que ya no intentaba ver el futuro. Tenía demasiado miedo incluso de usar su don.

Los argonautas y Fineo hablaron durante la noche. Los jóvenes marineros, héroes y semidioses estaban cautivados por las historias y el conocimiento del viejo vidente. Esto era lo máximo que Fineo había hablado con otras personas en años, y hablaba libremente. Luego escuchó la historia del viaje de los argonautas, las tierras que habían visitado, sus tragedias y sus triunfos. Fineo estaba tan conmovido y fascinado por su viaje que les ofreció sus servicios; miraría hacia su futuro y predeciría su mejor resultado para la supervivencia. Sin embargo, a cambio de su guía visionaria, solicitó que los argonautas lo ayudaran a deshacerse de sus atormentadores, las viciosas arpías. Jasón y sus hombres ya eran muy aficionados a Fineo, y acordaron ayudar.

Afortunadamente para los argonautas, este no era un gran favor que pedir, ya que estaban bien equipados para lidiar con la situación. Dos de la tripulación de Jasón, Zetes y Calais, eran los hijos de Bóreas, el titán del viento del norte. Eran voladores muy capaces. Las arpías no tenían muchas posibilidades, ya que eran voladores mucho menos ágiles. Si no hubiera sido por su hermana Iris, que intervino en el último segundo, las arpías habrían sido sacrificadas. (Sí, la misma Iris que era la diosa del arco iris y la mensajera de los dioses). Iris hizo a los argonautas la promesa de que las arpías dejarían en paz al anciano. También dijo que Zeus no se daría cuenta de su ausencia mientras Fineo pensara dos veces en el futuro de quién miraba.

Después de que Iris y las arpías partieron, Fineo miró hacia el futuro del viaje de los argonautas y vio a las simplégades o Rocas Cianeas. Eran dos rocas gigantes que una vez habían sido una isla entera. Esta isla fue separada del fondo marino por Poseidón. Las rocas tenían una tendencia a separarse y luego chocar de nuevo, pero durante unos minutos peligrosos, el pasadizo estaría abierto. Este era el camino más rápido. Era la ruta que los argonautas tendrían que recorrer si querían mantener el rumbo y no añadir mucho tiempo adicional a su viaje. El tiempo siempre estaba en la mente de Jasón; la tripulación había perdido tanto tiempo al comienzo de su viaje que no podían permitirse perder más. Fineo les dijo que podían cronometrar su navegación a través de las simplégades enviando primero una paloma blanca. Si hacía el viaje y regresaba, sabrían que era lo suficientemente seguro como para navegar.

Cuando los argonautas se acercaron a las enormes rocas, no se parecían a nada que uno pudiera imaginar. Y el pasaje entre ellas era aún más estrecho de lo que Fineo había descrito originalmente. La peor parte, por supuesto, era la pequeña cantidad de tiempo que las rocas parecían estar separadas entre sí. Parecía ser realmente cuestión de minutos antes de que las dos rocas chocaran de nuevo. Si el barco intentaba navegar entre ellos, era obvio que los hombres y el *Argo* serían eliminados.

Jasón estaba dispuesto a correr el riesgo. Creía que valía la pena, y esto dio valor a sus hombres. Navegaron tan cerca como pudieron sin ser arrastrados por la corriente de las rocas, y luego enviaron a la paloma. Se fue por un tiempo, pero regresó al barco a salvo y aparentemente ilesa. Los argonautas tomaron esto como una bendición y decidieron intentar el pase. Rezaban a los dioses por fuerza y velocidad.

Avanzaron remando, y entraron al pasadizo con miedo en sus corazones, pero fuerza de convicción. Podían escuchar los sonidos de las rocas crujiendo y gimiendo en los mares, los sonidos que provenían de las profundidades más bajas de la tierra, el sonido del agua ansiosa corriendo de un lado a otro contra cada centímetro de la nave. No era fácil navegar allí. Lo peor fue la luz que desaparecía. Jasón comenzó a notar que los rayos del sol se estaban debilitando cada vez más, una señal de que las cimas de las rocas se estrellarían en cualquier momento. Jasón ordenó a sus hombres que remaran por sus vidas mientras conducía el barco por el peligroso camino. La luz se estaba muriendo, el túnel se estaba volviendo cada vez más oscuro a medida que seguían remando, y Jasón temía que no lo lograran después de todo.

En ese momento, era como si las rocas dejaran de moverse una hacia la otra. Milagrosamente acababan de dejar de moverse por completo. Jasón no podía ver a Atenea, pero ella estaba en la cima, sosteniendo las dos rocas por separado, lo que les dio a los argonautas el tiempo suficiente para pasar. Tan pronto como cruzaron, dejó que los dos acantilados se reunieran una vez más.

El resto del viaje de los argonautas a la Cólquida fue relativamente tranquilo, aparte de un ataque sorpresa por parte del resto de las aves estinfalianas, aquellas aves que lograron sobrevivir a Heracles unos años antes. La derrota de los pájaros por parte de Heracles había resonado en toda Grecia, y casi todas las personas tenían un concepto básico de cómo ahuyentar a las bestias con ruidos fuertes. Jasón y sus hombres se pusieron a arrojar objetos a los pájaros y golpear sus espadas y lanzas contra sus escudos, defendiéndose de los pájaros. Lograron tener éxito, pero perdieron a uno de sus tripulantes, Oileo, en el frenesí subsiguiente. Este fue golpeado en el pecho por una de las afiladas plumas y murió antes de llegar a la cubierta del *Argo*.

Finalmente, Jasón y sus hombres habían completado su viaje y habían llegado a la isla de Cólquida. Hera había estado en su compañía durante todo el viaje y había planeado desde el principio ayudar a Jasón en su búsqueda final de obtener el vellón dorado de las garras de un dragón. No importaba lo valiente que fuera Jasón, solo era un hombre. No era inmune a las llamas y al fuego, y estaba completamente desprovisto de dones físicamente superiores como los que se le habían otorgado a Heracles. Al llegar a la Cólquida, Jasón deseó más que nunca haber convencido a Heracles de permanecer a bordo del *Argo*.

Sin embargo, desconocía el plan que la diosa Hera había inventado para que sobrevivieran. El rey Eetes tuvo una hija, Medea, la alta sacerdotisa de Hécate y diosa de la magia. Medea era más que experta en las artes mágicas. Ella sería una poderosa aliada para los argonautas, pero su corazón estaba frío y retraído. Hera sabía que solo por un hechizo de amor Medea estaría dispuesta a ayudar a Jasón y a sus hombres. Before the *Argo* ever touched the shores of Cólquida, Hera had called upon Eros to stand by and remain close to the princess. Cuando llegara el momento oportuno, dispararía a Medea con una flecha de amor, y a partir de entonces, ella estaría profundamente enamorada del joven príncipe.

Cuando los argonautas se acercaron a la ciudad de Aia, se les dio una escolta real a la corte del rey Eetes, quien dio la bienvenida a los hombres como sus invitados más honrados, hasta que el rey descubrió la verdadera razón por la que los argonautas habían venido a la Cólquida. Eetes tenía la intención de derribar al joven príncipe en el acto, pero tales actos estaban mal vistos en el mundo democrático de los antiguos griegos. Tales acciones a menudo provocaban disputas de sangre generacionales entre reinos, y el rey Eetes, a pesar de toda su codicia y faltas, todavía se preocupaba por la paz y la prosperidad de sus súbditos.

Eso no significa que el rey estuviera dispuesto a renunciar a su preciada posesión. En cambio, le informó a Jasón que era más que bienvenido a probar suerte derrotando al dragón que custodiaba la cueva, así como a los dos toros que escupían fuego que Eetes había agregado como medidas de seguridad adicionales. Jasón tendría que domesticar a los dos toros. Luego necesitaría usar a los animales para arar un campo gigante en el que plantaría los dientes de un dragón. Esos dientes se convertirían en soldados, gigantes y despiadados, y Jasón también tendría que matarlos para reclamar su premio. Y después de todo eso, tenía que lidiar con el dragón que custodiaba el vellón.

Jasón no podía contradecir al rey. Sabía que si no aceptaba este desafío, sería declarado ladrón, y el rey Eetes estaría en su derecho de derribar al héroe y a los argonautas. Jasón podría perder su propia vida, pero no haría nada para perjudicar a sus hombres.

Mientras Jasón y Eetes discutían los términos, entró Medea. Eros estaba listo con una flecha en su arco, y tan pronto las puertas principales del pasillo se abrieron para que entrara Medea, Eros le disparó en la cadera. Los mortales no sentían el aguijón de las flechas de Eros, por lo que la princesa siguió adelante sin inmutarse. Cuando levantó los ojos, la primera mirada que encontró fue la de nuestro héroe Jasón. Eetes presentó a su hija, que era bastante encantadora, con cabello negro azabache y ojos oscuros brillantes. De hecho, Medea fue aclamada como una de las mujeres más "hechizantes" de Grecia. Su otra característica distintiva era su naturaleza inquebrantable y despiadada, que coincidía por igual con su belleza. En términos psicológicos, la princesa estaba en el límite de la sociopatía. Era hermosa pero loca, e incluso con la flecha de amor de Eros todavía clavada en su cadera, nadie podía decir con certeza si su nuevo amor por Jasón coincidiría con el amor que tenía por sí misma. Eros no iba a dejar nada al azar, y también le disparó a Jasón por si acaso.

Medea fue a reclamar su asiento al lado del trono de su padre, y mantuvo la mirada de Jasón durante casi todo el tiempo. Jasón estaba teniendo muchos problemas para concentrarse en el rey y no en su hija. Una última estipulación era que Jason intentaría adquirir el vellón por su cuenta. No podía contar con la ayuda de sus hombres. Jasón estaba más que feliz de aceptar esos términos. Necesitaría a todos los argonautas vivos y bien para llevar la nave de regreso a Iolkos, caso tuviera éxito con el el vellón.

Esa noche, antes de que Jasón hiciera su intento, Medea lo visitó en sus aposentos. Jasón estaba acostado en su cama cuando la princesa apareció, y parecía evaporarse a través de las paredes. Nunca escuchó la puerta de sus aposentos abrirse o cerrarse. Ella se deslizó a su lado. Los dos amantes no compartieron palabras; simplemente cayeron en los brazos del otro. Mientras yacía en el resplandor de su amor, Medea le informó a Jasón que ella era la única persona que podía asegurar el éxito de su tarea. Jasón se sentó y escuchó atentamente la propuesta de su amante. Medea dijo que prepararía un ungüento que lo protegería de las llamas de los toros. Le permitiría acercarse lo suficiente para domesticar y aprovechar a los animales, luego lo ayudaría a calmar al dragón y le diría cómo derrotar a los soldados que surgirían de sus dientes.

Sin embargo, Medea tenía algunas condiciones. No estaría dispuesta a realizar ninguna de estas tareas ni a divulgar ninguna información si Jasón no la llevara de vuelta a Iolkos y la convirtiera en su reina. Le aseguró a Jason que sin su ayuda, seguramente moriría, dejando al héroe muy pocas opciones. Aparentemente también amaba a la princesa, un efecto secundario de la flecha de amor de Eros. Sin embargo, no se sabe cuánto creía en ese amor. Sin embargo, aceptó los términos de Medea, y fiel a su palabra, ella le dijo a Jasón todo lo que necesitaba saber para sobrevivir a su peligrosa búsqueda.

Al día siguiente, Jasón se despidió de sus hombres y les ordenó que lo observaran desde los acantilados, todos excepto el legendario y conocido músico Orfeo y Medea. Ella le proporcionó a Jasón el ungüento como había prometido. Se lo untó por todo el cuerpo antes de arreglarse y dirigirse a donde yacían los toros. Jasón pudo acercarse a los toros, a pesar de ser consumido en un furioso túnel de fuego infernal. Se dirigió hacia cada animal, y después de enunciar algunas palabras suaves y dulces, logró acurrucar a los dos toros bajo sus pies como gatos ronroneantes.

Jasón domando los toros de Eetes por Jean-François de Troy, 1679-1752. [8]

La siguiente parte de la misión era sembrar los dientes de dragón. Los dientes ya habían sido recolectados por Eetes. Con los dientes en la mano, Jasón se dedicó a arar el campo con los toros y a plantar los dientes en filas ordenadas. Alrededor de una docena de soldados se abrieron paso fuera de la tierra. La noche anterior, en la habitación de Jasón, Medea le había asegurado a su héroe que lo que tenían en fuerza, les faltaba en inteligencia. Después de todo, no eran humanos normales, sino seres más alineadas con las leyes de la naturaleza. Estos soldados eran provocados muy fácilmente, ya que el ataque era su único modo de interacción. Por lo tanto, Jasón arrojó piedras a los soldados. Sin saber que estas piedras estaban siendo arrojadas desde lejos, los soldados se enfrentaron a quien determinaron que era una amenaza, incluso a los de su propia brigada. En cuestión de minutos, los soldados se habían diezmado completamente entre sí. La única tarea que le quedaba a Jasón era reclamar el vellón.

El dragón era todo lo que quedaba. Y este dragón nunca dormía. Al igual que con la mayoría de los mitos, existen diferentes versiones. Por ejemplo, algunos dicen que Medea le había dado a Jasón un brebaje de hierbas que dormía al dragón. Sin embargo, existe una versión más emocionante. Orfeo, que estaba entre los argonautas, tocó una relajante canción de cuna con su arpa. Medea incluso ayudó, usando su hechicería para asegurarse de que el dragón se durmiera. Pronto, el gran y temible dragón estaba durmiendo como un bebé. La música a veces es realmente la única forma de calmar a una bestia salvaje.

Una vez que la bestia estuvo dormida, los tres se acercaron sigilosamente. Jasón rodeó de puntillas al dragón dormido y encontró el vellón clavado en un árbol alto pero sin hojas bañado por un solo rayo de luz solar, que había atravesado la parte superior de la cueva. Jasón nunca había puesto los ojos en ningún material que fuera como el vellocino de oro. Las mismas fibras parecían atraer y seducir, lo que muestra cómo el rey Eetes perdió su cordura y humanidad para mantener el vellón de las manos de otros hombres. Los tres vencedores no perdieron tiempo en regresar al *Argo*, donde los argonautas estaban esperando, listos y preparados para zarpar.

La noticia de la victoria de Jasón y su apresurada salida había llegado al rey Eetes, quien no esperaba que el joven príncipe tuviera éxito. Inmediatamente sospechó que alguien de su familia había ayudado a Jasón, pero sorprendentemente nunca consideró a Medea como la culpable. Era su niña perfecta, y él no la consideraba capaz de tal traición, aunque era más que plausible para todos los que conocían su verdadera naturaleza.

Eetes llamó a su hijo primogénito Apsirto para que lo ayudara a encontrar a los argonautas. Eetes ya no se preocupaba por la opinión pública o las disputas de sangre; su ira nublaba su juicio. Los dos zarparon con sus batallones personales y estaban a punto de acercarse a su objetivo. Mientras tanto, Medea estaba debajo de la cubierta del *Argo*, realizando magia de sangre para detener a su padre. Medea lanzó un hechizo que causó una hemorragia en el cerebro de su hermano. Apsirto cayó sobre sus manos y rodillas, sentía náuseas y un dolor de cabeza palpitante. Uno de los soldados gritó al rey Eetes que su hijo estaba sufriendo, y el rey inmediatamente se precipitó al lado de su hijo. Pero no había nada que se pudiera hacer.

El hijo del rey colapsó, pero este no fue lo peor. El hechizo de Medea era doble. Mientras su hermano sufría y era incapaz de comprender el tiempo y el espacio, comenzó a desintegrarse y a sufrir síntomas parecidos al de la lepra. Estaba cubierto de furúnculos y cicatrices. Antes de que el rey pudiera reaccionar, su hijo se había desintegrado por completo. Toda la sangre de su cuerpo corría por la cubierta y los trozos de carne caían al océano. La visión grotesca y gráfica detuvo la misión del rey. No se atrevió a seguir persiguiendo a los argonautas, porque temía que este tormento hubiera sido enviado por un dios. Medea era tan poderosa y tan aterradora.

Después de una pelea con las sirenas (las melodiosas criaturas carnívoras que atraían con cantos a los hombres hacia su muerte) los argonautas finalmente encontraron refugio en la isla de Drepane, donde

Jasón y Medea finalmente se casaron. Después de un largo descanso en la isla, Jasón y los argonautas regresaron a Iolco, donde el príncipe buscó finalmente reclamar su trono y gobernar como rey. Toda la compañía irrumpió en la sala del trono del rey, y Jasón arrojó el vellón de oro a los pies de su tío Pelias. Sin embargo, Pelias no renunciaría a su trono. Con el vellocino de oro en la mano, podría gobernar durante décadas y adquirir tierras nuevas y muy destacadas. ¿Por qué renunciaría repentinamente al trono a Jasón ahora que tenía riqueza y poder?

Jasón no aceptaría esta traición. Y estaba aún más dispuesto a deshacerse de su tío una vez que supo la verdad por Medea de que Pelias había asesinado a su padre y había hecho que el corazón de su madre se rompiera al punto de morir. Jasón instruyó a Medea para que se vengara de cualquier manera que pudiera pensar, y Medea no lo decepcionó. Una noche en la corte, reunió a las hijas de Pelias a su alrededor y les dijo que ahora que su padre tenía el vellón, se volvería inmortal. Las hijas ahora vivirían bajo su gobierno sádico y cruel por el resto de sus vidas. Era un secreto poco conocido que Pelias no estaba dispuesto a dejar que sus hijas se casaran o renunciaran al control de sus vidas de ninguna manera. Las chicas eran prácticamente rehenes. No podían soportar la idea de que su padre sobreviviera eternamente y controlara sus destinos hasta su fin. Las tres chicas asesinaron a Pelias y le dieron el trono de buena gana a Jasón.

Sin embargo, Jasón tenía un gran problema entre manos. Una vez que tomó el trono e instaló a Medea como su reina, hubo revueltas en todo el reino. Era una hechicera muy conocida en todo el Peloponeso, y era muy temida por aquellos que conocían el alcance de su poder y su naturaleza despiadada. El pueblo de Iolkos no aceptaría a una hechicera extranjera como su reina. Jasón, temiendo por la seguridad de su amada esposa y protectora, la llevó al exilio en la isla de Corinto, donde planeaba vivir el resto de sus días juntos con alegría y felicidad.

Fueron felices por un tiempo. Medea incluso dio a luz a tres hijos de Jasón. Sin embargo, poco después de que nacieran, Jasón cayó en desgracia. Una noche, se acercó a Medea y le pidió permiso para proponerle matrimonio a la princesa de Corinto. A fin de cuentas, no era prudente que Jasón hiciera esta solicitud. Medea era tan posesiva como protectora, y su solicitud de estar con otra mujer era la máxima traición. Jasón la amaba, pero ella a veces era fría e implacable y, aún así, creía que nunca le haría daño. Sabemos que ni el infierno tiene la furia de una mujer despechada, y Medea no tenía interés en compartir a su esposo con otra princesa. Solo hacer esta petición era una gran ofensa, y lo único en lo que podía pensar ella era en la venganza.

Mató a la princesa de Corinto volviéndola loca al punto de arrojarse desde el acantilado más alto de la isla. Como si esto no fuera suficiente, para castigar aún más a Jasón, masacró a sus tres hijos pequeños y los acostó a cada uno en su cama matrimonial para que su esposo los encontrara. Luego de completar su venganza, se dirigió a Atenas para buscar el trono de otro rey.

Jasón regresó a casa más tarde esa noche. Encontró a sus amados hijos asesinados y heridos a tal punto que eran casi irreconocibles. La pérdida de un hijo es la desesperación más profunda. El más grande de todos los héroes mortales, que había viajado por los mares, había superado a las criaturas más temibles del mundo antiguo y había recuperado su corona para acabar renunciando a ella por amor, fue destruido por la misma mujer despiadada que había elegido como novia. Jasón vivió el resto de sus días solo. Incluso había perdido el favor de Hera por romper su promesa a Medea. Murió cuando una de las vigas del *Argo* cayó y lo golpeó en la cabeza. Jasón murió instantáneamente, enterrado en las ruinas de uno de los barcos más grandes que jamás haya navegado por los mares y como uno de los héroes más grandes que jamás haya existido.

Capítulo 11: Teseo, el cazador de minotauros

¿Recuerdas cómo la reina de Creta había sido impregnada por el toro más hermoso de todos los tiempos, el toro de Creta? De su unión bestial surgió el Minotauro, que se convertiría en el terror de Creta. El rey Minos colocó a la terrible criatura en un laberinto gigante debajo de su palacio y comenzó a alimentarla con prisioneros y enemigos. Aunque era un método eficaz para implementar el miedo en su pueblo y deshacerse de los traidores, no dejaba exactamente el mensaje correcto a los reyes restantes de Grecia o a los propios súbditos del rey. La naturaleza caníbal del Minotauro era bastante inquietante, y más inquietante era un rey que saciaba activamente a esa bestia. Minos era el mismo tipo de enemigo detestable al que Heracles se enfrentó en sus doce trabajos.

Estos sacrificios aliviaban la gran vergüenza del rey Minos de haber sido engañado con un toro divino. Muy pronto, el Minotauro obtendría más comida. Sin embargo, la mitología del Minotauro comienza con un rey que anhelaba un hijo y una princesa que logró dormir con un rey y con un dios al mismo tiempo.

Años antes del encuentro sexual entre la reina Pasífae y el toro de Creta, el rey de Atenas, Egeo, estaba a punto de cumplir los treinta años y aún no había logrado tener un hijo. En una misión diplomática al reino de Trecén, le contó al rey sus preocupaciones de engendrar un heredero. El buen rey ofreció a su hija Etra a Egeo, pensando que tal vez de su unión se produciría un hijo. Los dos jóvenes amantes (si podemos llamarlos así) pasaron la noche juntos. Más tarde, durmiendo en el resplandor de un amor decente, la princesa tuvo un sueño extraño. La diosa Atenea se le apareció a Etra y le dijo que el niño que crecería en su vientre a partir de esta noche sería un niño excepcionalmente bendecido, destinado a realizar grandes y heroicas hazañas. Atenea le dijo a la princesa que bajara al mar, se parara cerca del borde del agua y esperara. Etra se levantó de la cama y siguió las instrucciones de la diosa.

Esperó en el borde del mar, las pequeñas olas besaban suavemente los dedos de sus pies. Aunque las fuentes son algo confusas, es posible que la princesa no estuviera del todo consciente durante su visita al agua; era como si estuviera en estado de hipnosis. Justo en el momento oportuno, el dios de los mares, Poseidón, salió del agua oscura y procedió a tener relaciones sexuales con la princesa. Cuando se trata de producir héroes ideales, los dioses y diosas del Olimpo realmente no prestan atención a cosas como el consentimiento, pero la mayor parte de la mitología que rodea este cuento en particular hace evidente que la princesa realmente se divirtió tanto en el palacio con Egeo como en la playa esa misma noche con Poseidón.

A menudo, en la mitología griega, no era raro que un niño tuviera dos padres o dos madres o que fuera concebido en el estómago de una mujer, pero luego se colocara en el muslo de un hombre durante el resto del período de gestación. Las reglas de la ciencia no se aplican cuando hablamos de esperma divino. De esta doble unión nació el héroe Teseo. Su reclamo como hijo de Egeo le dio tierras, un título y poder. Su ascendencia divina también le dio habilidades que no eran comunes al mundo de los hombres mortales. Dado que su nacimiento también fue bendecido y orquestado en cierto sentido por la diosa Atenea, Teseo también tendría una mente lógica capaz de calcular racionalmente el mejor camino para el éxito. Todas estas cualidades le servirían para cuando llegara a la edad adulta.

A la mañana siguiente, después de que Egeo pasara la noche con la hija del rey (no estaba al tanto de su pequeña visita nocturna a la playa), hizo los preparativos para regresar a Atenas. Sin embargo, antes de partir, dejó algo para su futuro hijo. Cerca del mismo lugar donde Etra había yacido con Poseidón, Egeo colocó su espada y sandalias debajo de una gran piedra lisa. Cuando su hijo alcanzó la mayoría de edad, Egeo esperaba encontrar los objetos y regresar a Atenas con estas herramientas para ocupar el lugar que le correspondía como príncipe.

Teseo creció en Trecén con su madre, y cuando cumplió diecisiete años, ella lo llevó a la orilla del agua y le contó la historia de su concepción. Cuando la princesa terminó de hablar, llevó a su hijo a la piedra donde las posesiones de su padre habían estado almacenadas durante casi dos décadas. Teseo, un joven sumamente fuerte, hizo rodar la piedra con gran facilidad. Su búsqueda para llegar a Atenas y reclamar su derecho de nacimiento había comenzado, al igual que la leyenda de Teseo y el Minotauro.

Antes de que Teseo emprendiera su viaje, su madre Etra le rogó que viajara por mar y no por tierra. En el mundo antiguo, viajar por carreteras abiertas era muy peligroso. Había ladrones que no pensaban dos veces antes de cortar la garganta de cualquier y llevarse sus posesiones. O peor aún, podía aparecer algún tipo de criatura de otro mundo para arrancarle los ojos o desollarlo vivo. Por supuesto, también había amenazas en las aguas abiertas, pero Teseo, decidido a demostrar que era digno de su filiación, decidió tomar la carretera. Armado con la espada del rey, Teseo partió, y en el camino, se encontró con una buena cantidad de pruebas y victorias. Mató a todos los enemigos que encontró en el camino. Estos no eran viajeros inocentes, sino hombres malvados y monstruos, profanadores de la vida humana. Todos temían a estas criaturas y nadie osaba enfrentarlos, excepto el joven príncipe.

El primer malhechor que encontró fue un hombre que se llamaba Perífetes. Este bruto era conocido por golpear los cráneos de los viajeros con su garrote de hierro. Lo peor es que no robaba nada de sus víctimas; los asesinatos eran puramente por deporte. Teseo logró matar a Perífetes, y se llevó su arma como trofeo. Además, no todos los días uno se encontraba con un arma tan fina. El siguiente hombre al que se enfrentó Teseo era un individuo mucho más enfermo y retorcido que Perífetes; era conocido como Procusto. Este individuo perturbado ataba a sus víctimas a una cama de hierro y estiraba sus extremidades para que llegaran a los bordes de la cama. A las desafortunadas almas que eran demasiado altas para el tamaño de la cama, les cortaba las extremidades una por una. Teseo se acercó a la camilla y la partió por la mitad con su espada.

En este punto de su viaje, había comenzado a llegar a ciertas ciudades de Grecia la noticia de los logros heroicos de Teseo. Cuando llegó a Atenas para finalmente comparecer ante su padre, el héroe se encontró con más peligro. Unos años después de su noche con la princesa de Trecén, el rey Egeo se había vuelto a casar, tomando como esposa a la hechicera y ex esposa de Jasón, Medea. Era una mujer a la que le gustaba tener el control de su destino y de los que la rodeaban en todo momento. Sabía que su esposo esperaba el regreso de su hijo, y temía que su pretensión de gobernar e influir en Egeo disminuyera.

Cuando Teseo llegó a la sala del trono del rey, Medea, siendo astuta y más que dispuesta a matar por su posición, convenció a Egeo de que no se podía confiar en su nuevo visitante. Le susurró al oído para darle al joven una taza de veneno. Mejor prevenir que curar. Egeo ofreció la bebida a su hijo, desconociendo su identidad hasta el momento en que Teseo dio un paso adelante para aceptar la bebida. Mientras daba un paso hacia el rey, este logró ver su espada. El rey Egeo reconoció el arma de inmediato. Este era su hijo y el tan esperado heredero. Medea no pudo salir de esa sala del trono lo suficientemente rápido y huyó a un lugar desconocido.

La reunión entre el rey y su hijo fue desbordante de alegría. Sin embargo, poco después, su alegría se vio sofocada por la desafortunada situación política entre Atenas y Creta. Antes de que Teseo llegara, Egeo había organizado una serie de juegos con todas las *polis* griegas vecinas. En uno de los eventos, el hijo del rey Minos, Androgeo, fue aplastado por un carro. El rey Minos estaba tan indignado por la muerte inesperada de su joven hijo que exigió tributo de Atenas. Para evitar una guerra con el rey irracional de Creta, Egeo consintió en la idea de enviar tributos. Cada año, la ciudad de Atenas enviaba a catorce de los hombres y mujeres jóvenes más bellos y virtuosos para ser entregados en sacrificio al gran terror de Creta, el Minotauro. El barco que transportaba los tributos a la isla siempre navegaba bajo una bandera negra para que los barcos que pasaban supieran que había sacrificios a bordo.

Cuando Teseo descubrió que su padre había sido esencialmente obligado políticamente a tal barbarie, decidió poner fin al Minotauro. Su plan era ofrecerse a sí mismo como tributo e ir al laberinto y matar a la bestia. Cuando informó a su padre de su plan, el rey no quiso saber nada con el plan. Su único hijo estaría navegando hacia su posible muerte. Egeo acababa de dar la bienvenida a su tan esperado heredero a su vida. Sin embargo, después de mucho debatir y convencer, el rey finalmente aceptó la misión de su hijo, pero le hizo jurar que cuando navegara de regreso a Atenas, levantaría velas blancas en su barco, reemplazando las velas negras de la muerte. De esta manera, el rey sabría que su hijo había sobrevivido y regresaba a casa.

Entonces, llegó el día del tributo, y fiel a su palabra, Teseo se ofreció. Este fue un tributo muy especial, ya que el príncipe perdido hace mucho tiempo era la preciada joya de Atenas. Era el joven más encantador, más fuerte y más inteligente que Egeo podía ofrecer. Minos estaba muy contento cuando recibió la noticia de que uno de los reyes más poderosos de Grecia estaba consintiendo en dejar que su único hijo fuera devorado por un monstruo impío. Cuando Teseo bajó del barco en Creta, él y los otros tributos fueron llevados al palacio del rey para ser inspeccionados.

El rey Minos saludó a su huésped real, estrechándole la mano. Luego lo presentó a su joven hija Ariadna, que quedó inmediatamente impresionada por la belleza y el encanto de Teseo. El joven príncipe también notó la sorprendente belleza de Ariadna. Más tarde esa noche, la princesa visitó a Teseo en los aposentos del tributo, y los dos compartieron una noche apasionada. Teseo confió en la princesa y le contó su plan para matar al Minotauro. Aunque parecía confiado en sus habilidades, Ariadna sabía que si lograba matar a la bestia, sin duda se perdería en el laberinto. Muchos tributos habían muerto no por un ataque directo del Minotauro, sino por sucumbir al hambre o la deshidratación. Sus cadáveres yacían dentro del laberinto y servían como bocadillos para para más tarde.

Temprano a la mañana siguiente, Ariadna se despertó antes que nadie en el palacio. Bajó a los muelles, donde recogió un carrete de hilo de uno de los vendedores y regresó a la cama de Teseo. Despertó a su amor y le ordenó que llevara el carrete con él al laberinto. Antes de entrar, tenía que atar el extremo del hilo a una de las columnas fuera de la entrada. Los guardias que atendían el laberinto no acompañaban a los tributos hasta el interior. Estaban aterrorizados por el Minotauro y tenían una buena razón. La bestia no distinguía entre amigo o enemigo, presa o amo. Si el rey Minos entraba en el laberinto, no sería tratado de manera diferente a los otros tributos. Este carrete actuaría como las migas de pan de Teseo, que lo llevarían de vuelta al exterior una vez que hubiera matado al Minotauro. Ariadna también logró obtener una espada para su amor y la escondió cerca de la entrada. Por todo lo que Ariadna había hecho para ayudar, Teseo prometió llevarla de regreso con él a Atenas.

Y así, Teseo y los otros tributos atenienses fueron llevados a los oscuros pasadizos del laberinto. El hedor era peor de lo que Teseo podría haber imaginado. Los cadáveres en descomposición y los huesos de las comidas anteriores del Minotauro estaban esparcidos, trozos de piel rasgada se aferraban a las paredes, que estaban salpicadas de color marrón con la sangre seca de cientos de víctimas. Los giros y vueltas de los pasillos eran esporádicos, y las paredes parecían moverse y cambiar de dirección a voluntad. La oscuridad en el laberinto lo consumía todo. El simple ojo humano no podía ver más allá de dos o tres pies, pero afortunadamente, no todos los tributos en el laberinto eran humanos. Como semidiós, Teseo poseía sentidos intensificados, reflejos naturales e intuiciones que le permitían estar a la par con el Minotauro en términos de fuerza y velocidad.

No podía ver en la oscuridad, pero el aire en el laberinto era espeso y frío. Teseo podía sentir los cambios de tensión y avanzaba lentamente hacia la oscuridad, con la cuerda de Ariadna atada a la cadera. No era el cazado; era el cazador. Durante casi dos horas, Teseo escuchó atento y caminó por el laberinto intentando distinguir los sonidos más sutiles y los cambios en el entorno. El resto de los tributos se habían quedado cerca de las primeras partes del laberinto, con la esperanza de no encontrarse con la bestia.

Un mosaico de Teseo y el Minotauro. [9]

Teseo finalmente dejó de buscar y decidió hacer que el Minotauro se acercara a él. Comenzó a golpear su espada contra la pared de vez en cuando para que la bestia pudiera tener una idea de dónde estaba, pero no precisar su ubicación exacta. Entonces Teseo lo oyó: el distintivo clip-clop de una pezuña bovina. El hedor se intensificó. El aliento del Minotauro también parecía cambiar la temperatura del aire alrededor de Teseo. Teseo se mantuvo firme, con la mano firme en la empuñadura de su espada, listo para el momento en que la bestia lo atacara con sus grandes cuernos.

El Minotauro golpeó su pie en el suelo una vez, dos veces. Corrió directamente hacia el joven príncipe, quien desenvainó su arma en el último minuto. Con un gracioso golpe, enterró su espada en el cuello del Minotauro. La bestia, todavía en estado de shock por el ataque mortal, intentaba correr hacia adelante, y se empalaba aún más en la espada de Teseo. Finalemente, la punta de la espada atravesó la parte posterior de su cráneo. El gran terror del rey Minos y la isla de Creta había sido derrotado. Teseo cortó la cabeza del Minotauro por si acaso, tomándola como un trofeo para su padre, y procedió a seguir el hilo que marcaba el camino hasta el final del laberinto donde estaban los otros tributos atenienses, vivos y en buen estado.

Ariadna no pudo controlar su felicidad cuando vio que el hombre de sus sueños estaba vivo. Aunque Teseo era el actor principal en esta historia, era Ariadna la que había asegurado su supervivencia. Sin su brillante idea, Teseo habría estado caminando hacia su muerte, y lo sabía. Él, Ariadna y los tributos se fueron en el barco con velas negras y partieron hacia Atenas. Sin embargo, no todo era perfecto. El barco se detuvo en la isla de Naxos para reabastecerse, y a la mañana siguiente, cuando Ariadna se despertó, se encontró durmiendo sola en la playa. Sorprendida por su situación, recorrió la playa en busca de su amor, luego miró hacia el interior para ver si podía ver a los atenienses en lo alto del terreno. "¿Tal vez están buscando más comida o agua?" se dijo a sí misma, pero sabía que era una mentira. La joven princesa se volvió lentamente hacia el mar y vio las velas negras en el horizonte. Teseo estaba a bordo del barco, navegando lejos de la isla.

¿Por qué abandonaría a la princesa? Los mitos son un poco confusos. Se cree que la celosa Hera se le había aparecido al príncipe ateniense en un sueño y lo convenció de dejar atrás a la joven. Algunos dicen que Dioniso quería a Ariadna para sí mismo en ese momento y convenció a Teseo de que la dejara. Sin embargo, también es posible que Teseo se diera cuenta de que no se preocupaba por Ariadna tanto como pensaba. Tal vez solo la estaba usando, o tal vez no quería pasar el resto de su vida con ella como su reina. A pesar de ser venerados como héroes, muchos semidioses tomaron una gran cantidad de decisiones morales cuestionables. Esto generalmente mostraba su lado humano y su tendencia a la imperfección. Semidiós o no, Teseo seguía siendo un hombre. La pobre Ariadna no sufrió tanto después del abandono, pues fue seducida por Dionisio, quien se la llevó para convertirse en su esposa y fue madre de dos de sus hijos.

En su camino de regreso a Atenas, Teseo comenzó a arrepentirse de haber abandonado a la princesa. Se dio cuenta de que tal vez amaba a Ariadna. Estaba tan angustiado por perder a la mujer que olvidó cambiar las velas de su barco de negro a blanco. El rey Egeo había colocado vigías en los acantilados día y noche durante la última quincena para que se le notificara en el momento en que se viera la nave de Teseo. Uno de los vigías notó una mancha negra que venía hacia los acantilados, pero no podía distinguir si era el príncipe o una nave enemiga. Finalmente, pudo identificar las velas negras. El vigía corrió hasta el palacio y atravesó las puertas de la sala del trono. Se arrojó ante los pies del rey y lloró porque se habían visto velas negras en el agua.

El rey, incrédulo, corrió hacia los acantilados y, de hecho, vio que el hombre decía la verdad. Nada se compara con la muerte de un hijo. Egeo había perdido a su hijo y, por tanto, su corazón y su voluntad de vivir. El rey no soportó el dolor. Sin dudarlo, saltó del acantilado en caída libre. Teseo vio a su padre morir y su corazón se partió nuevamente. Ahora era el rey de Atenas, pero era un trono que ocuparía lleno de dolor y tristeza. Como semidiós, Teseo era fuerte y valiente, pero perdió a su amor y a su padre en un solo día debido a su debilidad como hombre.

Capítulo 12: Perseo y Medusa

La historia del semidiós Perseo comienza con la historia de amor de sus padres. Aunque Zeus tenía muchas esposas e incluso muchas más amantes, era una criatura muy emocional. Era una persona que se enamoraba de todo y de todos. Se ha dicho que de todas esas mujeres, la que más amaba era Dánae. Era hija del rey Acrisio y la reina Eurídice, y era amada por su pueblo, pero temida por su padre. El rey y la reina no habían tenido hijos para heredar el trono. Cuando su hija finalmente nació, su alegría no tenía paralelo, pero un pensamiento oscuro e inquietante irrumpió en la mente del rey durante años.

Antes de que Dánae fuera concebida, Acrisio había buscado el consejo y la adivinación del oráculo de Pitia para determinar si alguna vez tendría un hijo. Pensó si tal vez había enojado u ofendido a los dioses de alguna manera sin darse cuenta. El oráculo informó al rey desesperado que su línea de hecho produciría un heredero varón, pero que no sería suyo. El niño un día crecería y se desharía de Acrisio y arruinaría todo lo que amaba y apreciaba. Poco después de que naciera Dánae, Acrisio se dio cuenta de que sería su vientre el que produciría su caída. Cuando Dánae sangró por primera vez, su padre no perdió tiempo en encerrarla en una habitación subterránea hecha completamente de piedra y tierra. Había poca o ninguna luz, a excepción de un tragaluz con barras de metal sobre el techo.

Dánae se quedó allí durante dos inviernos. Otra persona habría renunciado a toda esperanza de vida; tal vez, sucumbirían a la soledad y a la desesperación que sentían. Pero no Dánae. De alguna manera, ella nunca perdió la esperanza dentro de esa celda oscura y aislada. Zeus había estado escuchando las oraciones de la niña. Era fuerte y estoica, y Zeus se enamoró de su espíritu gentil e implacable. Una noche, la visitó en esa prisión, bajando a través de los espacios entre las barras de metal como una lluvia dorada. De esta forma, le hizo el amor a Dánae.

La experiencia para Zeus también fue algo diferente, y cuando su esposa Hera preguntó sobre la razón detrás de su infidelidad, Zeus le respondió: "Nunca antes el amor hacia ninguna diosa o mujer se había derretido tanto sobre el corazón dentro de mí, quebrándolo al punto de sumisión, como ahora, como cuando amé a la dulce hija de Akrisio, Dánae".[i] Esto debe haber sido hiriente para Hera, pero Zeus estaba diciendo la verdad. Zeus tenía algunas tendencias despreciables, pero esto suena a honestidad brutal.

Esa noche engendraron a Perseo. Dánae dio a luz sola en su celda. Después de su trabajo de parto, su padre no perdió tiempo en deshacerse de ella y de su hijo recién nacido. Después de que el médico del rey certificara al hijo de Dánae, Acrisio encargó a sus albañiles que construyeran un sarcófago. Colocó a su joven hija y a su nieto en ella y los arrojó al mar.

Zeus había estado vigilando a Dánae desde que quedó embarazada, y tan pronto como fue arrojada a las olas, Poseidón estuvo atento. Puso a salvo el sarcófago con un pescador llamado Dictis. La llevó a salvo a la isla de Serifos, un reino pequeño y aislado. Aun así, el mundo es pequeño. Durante los primeros días después de su llegada, Dictis cuidó a la joven madre para que recuperara la salud. La mayor parte del tiempo dormía, se despertaba solo para amamantar a su hijo; Dictis se encargaba de todo lo demás. El pescador había perdido a su propia esposa e hijo años antes, por lo que ver a Dánae en esta condición le rompió el corazón. No quería que la mujer y su pequeño hijo quedaran sin apoyo. Este niño necesitaba un padre o al menos alguna guía directa, y su madre, siendo madre soltera y mujer vulnerable, necesitaba la protección de alguien en el poder, alguien como su hermano, el rey Polidectes.

Aunque Dictis tenía buenas intenciones, su hermano no poseía el mismo espíritu amable y generoso. Anhelaba a Dánae, y después de que el rey hiciera varios avances, los cuales ella rechazó, decidió que la

---

[i] Homer, *Iliad* 14. 319 ff, trans. Lattimore. [Greek epic, c. 8th BCE].

solución era secuestrarla y encerrarla para poder cortejarla. Dánae estaba destinada a sufrir. En cuanto a su joven hijo, Polidectes fue misericordioso, hasta cierto punto, y envió a Perseo a ser criado en el templo de Atenea.

En realidad, esta era una de las cosas más generosas que podría haber hecho por el joven héroe, ya que fue el comienzo del patrocinio y el favor de Perseo con la diosa Atenea. Más tarde se convertiría en una parte indispensable de su historia. Años más tarde, cuando Perseo había alcanzado la edad adulta, regresó a la casa de su antiguo padre adoptivo, Dictis, y se lamentó por el cautiverio de su madre. Dictis informó al joven héroe que fuera ante el rey y exigiera la liberación de su madre. Dictis sabía que el rey no la dejaría ir voluntariamente y pondría ante Perseo una tarea imposible a cambio de la liberación de su madre. Sin embargo, Dictis no desconocía por completo el linaje de Perseo. Dánae había confiado en Dictis como un padre. Ella le había informado de esa noche en su celda cuando quedó embarazada de Perseo. Cualquiera que sea el desafío de Polidectes para el semidiós, Perseo seguramente tendrá éxito.

Cuando Perseo entró en la sala del trono del rey, vio a su madre sentada a los pies de Polidectes, encadenada al suelo. Había cambiado, ya que el cansancio y la confusión de sus circunstancias habían embotado su espíritu, pero seguía siendo hermosa. Perseo se contuvo para no abrazarla. Le enojaba y le dolía ver a su bella y valiente madre de esa manera. Cualquiera que fuera el obstáculo, Perseo completaría su tarea de una manera u otra o encontraría la manera de matar al rey.

Exigió la liberación de su madre, y Polidectes accedió a cumplir si y solo si Perseo iba en busca de la cabeza de la legendaria y temible gorgona Medusa. ¿Se acuerda de Medusa? Había sido violada por Poseidón y luego maldecida por Atenea, la diosa de la sabiduría y la racionalidad. Medusa tuvo que vivir el resto de sus días con serpientes en lugar de pelo y una mirada que convertía en piedra a cualquier ser vivo. Perseo consintió en matar a la gorgona o morir en el intento, y luego salió de la sala del trono. Miró hacia atrás solo una vez para captar la mirada de los ojos de su madre, llenos de lágrimas pero bellos y más azules que el mar Egeo.

Zeus, que había estado siguiendo las aventuras de su hijo y examante desde el día en que Perseo fue concebido, suplicó a los dioses y diosas del Olimpo que ayudaran a Perseo en su misión y le otorgaran regalos que lo ayudasen a matar a la gorgona. Hades desinteresadamente le dio a Perseo su propio casco de invisibilidad. El poderoso Hefesto forjó una espada de acero con un mango de oro para el joven héroe. Atenea le obsequió un escudo de bronce reflectante, y Hermes le regaló un par de sandalias aladas. Todos estos dones serían necesarios para que Perseo superara a su oponente, que estaba bien equipada con el mejor mecanismo de defensa de cualquier hombre o animal. Además de esto, también era una arquera talentosa. Sin mencionar que tuvo años de agresión reprimida y rabia hacia el mundo de los hombres y los dioses por su situación actual.

Después de recoger sus regalos de los dioses y despedirse de Dictis, Perseo emprendió su misión. Para empezar, llegar a la vivienda de Medusa sería difícil. Su cueva se encontraba en las profundidades del monte Olimpo, en cavernas que eran tan antiguas como los titanes originales. Medusa no era la única criatura asquerosa que acechaba en esos oscuros pasillos y salones de piedra. Finalmente, Perseo se dirigió a la entrada de su cueva. Haciendo uso de todo su coraje, entró en la oscuridad. Los silbidos de serpientes fueron su guía para encontrar a Medusa, y por suerte, cuando la encontró, estaba profundamente dormida. El héroe que encontraba a su enemigo profundamente dormido era algo común dentro de la mitología griega. Ciertas versiones de Teseo y el Minotauro cuentan cómo Teseo encontró a la bestia dormida y pudo matarla con gran facilidad. Sin embargo, incluso dormida y con los ojos cerrados, Medusa era peligrosa. Perseo no quería arriesgar nada, ya que una mirada no directa podría causar el mismo daño.

Dio la espalda para enfrentarse al monstruo y levantó su escudo para usarlo como espejo con el fin de localizar a Medusa. Con cuidado, dando un paso hacia atrás, levantó su espada en el aire y la hundió en la base del cuello de Medusa. El monstruo decapitado se movió y se sintió miserable mientras su cabeza rodaba por el piso. De su cuello cortado brotaron sus gemelos, Pegaso y Crisaor. El primero se convertiría en la montura personal de Perseo, y sería crucial para el resto de su misión.

Perseo no movió un músculo y no abrió los ojos hasta que escuchó completo silencio. Una vez que el cuerpo de Medusa dejó de convulsionar, Perseo usó su escudo nuevamente para encontrar la cabeza cortada y colocó su capa sobre ella por si acaso. Luego la envolvió, la arrojó en su bolso, subió al corcel alado Pegaso y comenzó a volar de regreso a la isla de Serifos para liberar a su madre de su captor.

Perseo con la cabeza de Medusa *por Benvenuto Cellini, 1554.* [10]

En el camino de regreso, nuestro héroe se encontró con otra damisela en apuros, Andrómeda, la hija del rey Cefeo y la reina Casiopea, que eran señores de Jope en el Levante. Algunos dicen que el rey y la reina eran los gobernantes de Etiopía, pero sus orígenes no eran de la Grecia continental ni de las islas griegas circundantes. En una fiesta una noche, la reina se había jactado arrogantemente de que su hija era la criatura más bella del mundo. Su arrogancia cruzó una línea que no debía haber cruzado. Exclamó que su amada hija era aún más encantadora que las Nereidas, las ninfas hijas de Poseidón. Hay varias versiones sobre esta ofensa, pero la conclusión es que ofendió enormemente a los inmortales.

Como castigo, el dios Poseidón amenazó con destruir la ciudad de Jope desatando al monstruoso Cetus, una criatura marina y el condenado engendro del propio Poseidón. Poseidón, que tal vez era el menos misericordioso de los dioses, proporcionó al rey y a la reina un método para salvar a su amado reino y a todas las almas inocentes bajo su dominio. Les ordenó que sacrificaran a su único hija a Cetus encadenándola a una roca en el mar Mediterráneo. Solo su sangre saciaría a Cetus y salvaría la ciudad.

Estas elecciones políticas no se toman a la ligera y siempre presentan algunos pros y contras, que inclinarán la balanza hacia una determinada decisión. La decisión a la que llegaron el rey Cefeo y la reina Casiopea fue que la vida de su ciudad valía más que la de su hija. Eran jóvenes, y el vientre de la reina todavía funcionaba, pero reemplazar una ciudad y su gente sería casi imposible después de que un monstruo marino divino y muy agresivo prácticamente los borrara de la faz de la tierra. Andrómeda también se preocupaba por la vida y la seguridad de su gente, por lo que voluntariamente permitió que la llevaran a la orilla y la ataran a la roca para esperar su destino como mártir de Jope.

Perseo pasó volando en ese momento y vio a la bella doncella sobre la roca. Al principio, no prestó mucha atención a su situación, pero a medida que se acercaba, vio la belleza de la doncella y luego las olas ondulantes que parecían crecer cada vez más a medida que se acercaban a la princesa. Finalmente, la cabeza de Cetus salió de la superficie como una serpiente gigantesca. Su forma viscosa se arrastró hacia la orilla, lista para devorar a la tierna princesa. Perseo reconoció inmediatamente el peligro, y sabía lo que debía hacer para detener al monstruo y salvar a la princesa. Ninguna criatura de carne y hueso era rival para la mirada fría de una gorgona, sobre todo, la cabeza de la gorgona más mortal de todo el mundo antiguo.

Perseo se sumergió en el aire con su corcel alado y, mientras descendía, sacó la aterradora cabeza, preparándose para mostrarla a Cetus. Cuando el dragón marino hizo contacto visual con la cabeza de Medusa, inmediatamente comenzó a retroceder y retraerse, incapaz de comprender la sensación helada que se filtraba en sus venas y tejidos musculares. El miedo se apoderó de la serpiente y brilló desde el amarillo de sus ojos, que fueron las últimas partes del cuerpo en quedar inmóviles y muertas para siempre. La leyenda dice que Cetus todavía se puede encontrar en su forma de piedra en el antiguo Levante en algún lugar cerca del mar Rojo, mientras que otros dicen que está en el borde del Mediterráneo.

Perseo liberó a Andrómeda de su roca, la cargó en Pegaso y voló al castillo para exigir su mano en matrimonio a sus padres. El rey y la reina habrían obedecido de inmediato, dado el hecho de que el rescatador fue la respuesta a sus oraciones por haber salvado no solo a su amada hija, sino también a su bella ciudad. Sin embargo, la mano de su hija ya estaba prometida a otra persona. Esto no pareció perturbar a Perseo, y le pidió al rey y a la reina que trajeran al intrascendente príncipe. Perseo vio que el príncipe era un hombre débil y cruel que resentía a Perseo por haber sido el que rescató a su prometida.

Perseo no perdió tiempo y sacó la cabeza de Medusa de su mochila ensangrentada. El príncipe ni siquiera tuvo tiempo de gritar antes de que él también se convirtiera en piedra. El rey y la reina estaban perplejos, quizás un poco aterrorizados, de su futuro yerno. Perseo y Andrómeda regresaron a Serifos para finalmente rescatar a la madre de Perseo de su propio matrimonio no consentido.

Perseo tenía que ser astuto. Sabía que su madre estaría sentada en su lugar de encarcelamiento designado, a los pies del rey Polidectes. Primero fue a ver a su padre adoptivo, Dictis, para saludarlo y para ayudarlo a idear un plan para liberar a su madre. Al ver que Perseo no solo estaba vivo y bien, sino que también había salido victorioso en su búsqueda y estaba casado con la encantadora Andrómeda, Dictis lloró de felicidad. Dictis dijo que le pediría a Dánae que lo visitara en su casa para ayudar a reparar algunas redes de pesca viejas. Dánae solía venir sola cuando visitaba a Dictis, por lo que sabía que su hermano estaría solo en la sala del trono.

El día de la visita de Dánae, sin que ella lo supiera, Perseo entró en la sala del trono para presentar la cabeza de Medusa al rey como él lo solicitó. Polidectes estaba impactado. No esperaba que Perseo sobreviviera a su búsqueda, y estaba agradecido de que su madre no estuviera allí para ver que su hijo había tenido éxito. Polidectes ya estaba pensando en formas de matar a Perseo antes de que su madre pudiera descubrir que había regresado. Antes de que pudiera enviar un saludo a su hijastro, Perseo reveló la cabeza cortada de la gorgona y convirtió al rey en piedra allí mismo en su trono. En buena medida, Perseo se acercó detrás del rey de piedra y lo empujó fuera del trono, haciendo que la estatua se rompiera en un millón de pedazos. Este fue el final del maligno Polidectes. Pocos llorarían al malvado rey.

Cuando Dánae regresó a la sala del trono, vio a su propio hijo sentado en el trono con su nueva reina a su lado. Pocas madres en la historia del mundo antiguo sintieron tanta alegría y alivio al ver a su hijo.

Dánae debe haber jadeado de felicidad, ya que su hijo no solo estaba vivo, sino que también había heredado las llaves del reino. Es típico de los cuentos antiguos, ya sean considerados mitológicos, bíblicos o de otro tipo, terminar con la muerte de un hijo muy querido o con la muerte de un padre. La historia de Perseo y Medusa es una de las raras excepciones en las que el héroe y uno de los padres se reúnen en un final feliz.

Capítulo 13: La guerra de Troya

La *Ilíada* y la *Eneida*, que cuentan la historia de la guerra de Troya, son algunas de las historias más difundidas en el mundo moderno. Miles de años después de su inicio, la historia de la guerra de Troya sigue cautivando a los lectores con sus lecciones de defectos humanos, fortalezas, deseos y esperanzas. Los nombres de los personajes han perdurado en las páginas de la historia y la mitología por su sentido único de contar hechos comunes al ser humano. Por ejemplo, ¿quién de nosotros no ha sentido el aguijón del amor no correspondido? Además, algunas personas son realmente desafortunadas. En las páginas de la *Ilíada* y la *Eneida* se pueden encontrar emociones de triunfo y verguenza, comunes a todos los seres humanos.

Como expresamos anteriormente en este libro, el tema principal de un mito griego nunca comienza con la historia en sí, sino con algunos otros detalles. El contexto y los antecedentes eran muy importantes para los griegos. Quién era uno dependía de dónde venía, y sus circunstancias eventualmente derivaban en un solo destino. El resto de la historia era dictada por las elecciones de uno.

La historia de la guerra de Troya comienza con la boda de Peleo y Tetis, los padres del héroe y legendario luchador Aquiles (sabes que has sido una gran influencia en el mundo cuando una parte entera del tobillo lleva tu nombre y tu historia, pero hablaremos más sobre eso más adelante). Tetis era hija del titán Nereo de segunda generación y su esposa, la diosa ninfa Doris. Juntos tuvieron cincuenta hijas, la mayor de las cuales era Tetis. Ella cuidaba a sus hermanas y, al igual que sus padres, podía transformarse en cualquier criatura marina. La familia habitaba una serie de cuevas marinas enterradas en las profundidades del Egeo, y allí permanecieron, pacíficas y relativamente tranquilas.

Eso fue hasta el día en que Peleo hizo un trato con Zeus por la mano de Tetis, la más bella y adorada de sus hermanas. El Oráculo de Delfos había profetizado que el hijo de Tetis sería dos veces más grande que su padre. Zeus no podía permitirse sucumbir a los encantos de Tetis, ni podía permitir que ninguno de los otros inmortales tuviera la oportunidad de tenerla como esposa o amante. El niño que saldría de su vientre podría ser lo suficientemente poderoso como para matarlos a todos y perturbar el orden mundial. Por lo tanto, Zeus conspiró para que se comprometiera con un hombre mortal. Fue entonces cuando Peleo, el rey de Ftia, entró en escena. Era lo suficientemente poderoso como para ser respetable, pero no produciría un hijo mayor que los dioses.

Su hijo, sin embargo, todavía sería considerado un semidiós, dado el impresionante linaje divino de su madre, y se haría un nombre como uno de los mejores luchadores que el mundo había visto. Aunque los semidioses generalmente no son seres inmortales y de ninguna manera son 100 por ciento invencibles, pueden sucumbir a la muerte y las lesiones dadas las circunstancias adecuadas. Para asegurarse de que su hijo conservara parte de su invencibilidad como inmortal, Tetis lo llevó al río Estigia cuando era un niño pequeño. Sostuvo a su bebé por uno de sus talones y sumergió todo su cuerpo en las aguas de los muertos. Sin embargo, el lugar donde había sostenido a Aquiles no entró en el agua. Su talón era su único punto débil. La forma en que Aquiles pudo sobrevivir al ser sumergido en el río se debate en gran medida. Por lo general, aquellos con alguna herencia mortal que caían al río no sobrevivían, de ahí la necesidad de un barquero para transportar las almas de los muertos al inframundo.

La boda de Peleo y Tetis fue un asunto muy alegre, y todos los inmortales fueron invitados a la boda, excepto Eris, la diosa de la discordia. A pesar de no recibir una invitación por razones obvias, la diosa se lo tomó muy en serio. A fin de cuentas, no era prudente que la feliz pareja le faltara el respeto de esa manera y no esperar algún tipo de represalia a cambio. Eris ideó un plan para arruinar la boda. Envió una manzana de oro a la fiesta como regalo de bodas, dirigida a "la más hermosa de todas las diosas".

Naturalmente, Hera, Atenea y Afrodita pensaban que tenían derecho a la manzana. Zeus envió la manzana, junto con las tres diosas, a la ciudad de Troya, donde las diosas serían juzgadas por el joven príncipe Paris. "Que las manos de los hombres se ensucien con esta decisión impopular", pensó Zeus. Paris estaba condenado si no juzgaba y condenado si lo hacía. No tenía forma de saber cuánto afectaría su decisión al resto de su reino y cambiaría la faz del mundo griego para siempre.

Las diosas se acercaron a Paris cuando salió una mañana a cazar con sus guardias. Llegó a un gran claro con un olivo alto en el medio. La zona estaba completamente silenciosa, y Paris bajó de su caballo para recoger algunas de las hermosas aceitunas. De repente, escuchó llegar a alguien más al claro. Empuñando su espada, listo para cualquier amigo o enemigo, se dio la vuelta rápidamente y se sorprendió al ver a tres diosas de pie frente a él. Paris cayó de rodillas. Cada diosa le ofrecía un regalo diferente para ser declarada la más hermosa. Todas las diosas ofrecieron generosos regalos, pero Paris fue persuadido por la tentadora oferta de Afrodita. Al final del día, ella era la mejor en cuanto a lo que el corazón del príncipe realmente deseaba. Le ofreció la mano de la mujer más hermosa del mundo: Helena, la reina de Esparta. Esto obviamente era un problema, pero el hecho de que Helen perteneciera a otro hombre no disuadió al joven príncipe de reclamar su premio.

Paris hizo el viaje a Esparta bajo el falso pretexto de una misión política para discutir los términos de las importaciones y exportaciones con el rey espartano, Menelao, un gran guerrero que venía de una prominente familia real. Su hermano, Agamenón, era el rey de Micenas y estaba en una misión política para unirse y gobernar sobre todas las *polis* de Grecia. Aunque cada ciudad-estado griega tenía su propio gobernante o rey en particular, fue Agamenón quien declaró que todos estos hombres le responderían y estarían a su disposición para cualquier tipo de necesidad. Era una posición que requería mucha fuerza y estrategia. Paris estaba jugando con fuego al tratar de secuestrar a la bella esposa del hermano favorito de Agamenón.

Cuando Paris entró en la sala del trono, Menelao saludó al joven príncipe con los brazos abiertos y orquestó todo un banquete en su honor, sin saber que acababa de invitar a una serpiente a cenar. Helena se enamoró inmediatamente de los hermosos rasgos y los buenos modales del joven príncipe. (Algunos relatos dicen que a ella no le importaba Paris de la misma manera o que Afrodita intervino para asegurarse de que se amaran; elegimos la versión romántica). Su esposo actual, Menelao, era un guerrero frío y brutal. Aunque Menelao amaba a Helena y viceversa, faltaba una cierta chispa de pasión. Según algunos relatos, Helena era solo un premio para Menelao, una hermosa joya para hacer que otros hombres envidiaran más su estatus y posición. Solo fueron necesarios unos pocos encuentros para que Helena y Paris estuvieran absolutamente cautivados. Después de aproximadamente un mes de su aventura, llegó el momento de que Paris regresara a Troya.

Poco sabía Menelao que debajo de la cubierta del barco troyano estaba su preciada novia. Cuando descubrió que Helena había desaparecido de sus aposentos, se puso furioso. No tenía idea de dónde podría haber ido hasta que un pescador llegó a la corte del rey y reveló que la había visto abordar el barco y compartir un beso con el joven príncipe la noche antes de que los troyanos zarparan.

A su llegada a Troya, el rey Príamo, padre de Paris, y el príncipe Héctor, hermano mayor de Paris, se indignaron por lo que había hecho el joven príncipe. Sin embargo, era demasiado tarde para arrepentirse. Incluso si Helen hubiera regresado, no estaba en la naturaleza de Menelao perdonar, y Paris sufriría una muerte desagradable de igual manera. ¿Quién sabe qué habrían hecho a Helena? Príamo era un rey de corazón suave que gobernaba y exigía respeto y poder a través de su sabiduría y amabilidad. Amaba mucho a sus hijos y nunca desearía que sufrieran ningún daño a pesar de sus errores o fallas.

Mientras Helena era recibida por la totalidad de la corte troyana y los nobles, Menelao navegaba hacia Micenas para solicitar la ayuda de su hermano en una campaña contra Troya. Navegarían a la ciudad, reclamarían a la esposa de Menelao y arrasarían toda la ciudad. Agamenón aceptó de buena gana. Los hombres con todo el poder del mundo generalmente solo se preocupan por una cosa: ganar más poder. Agamenón se preocupaba muy poco por la linda esposa de su hermano, pero se preocupaba mucho por el estatus y el poder que ganaría al diezmar la ciudad más grande de Anatolia, que ahora es la actual Turquía. Esta ya se perfilaba como una de las guerras más legendarias de la historia griega, y Agamenón buscó la lealtad de algunos de los mejores reyes y guerreros de todos los tiempos. Su lista incluía a Odiseo, rey de Ítaca; Ájax el Grande, descendiente de Zeus y primo de Aquiles; y, como era de esperarse, el mismísimo y temible Aquiles.

Más de mil barcos zarparon hacia la costa de Turquía. Aquiles comandaba su propio barco y una fuerza de soldados especializados, los mirmidones, que eran ampliamente reconocidos como los hombres más temibles de Grecia. Estos soldados harían cualquier cosa que su general les pidiera. También navegaba con Aquiles su mejor amigo y asesor de mayor confianza, Patroclo.

Durante los primeros años de la guerra, todas las batallas estaban niveladas, con muchas bajas en ambos bandos. Héctor, el príncipe mayor de Troya, siempre llevaba a su ejército al campo de batalla. También era uno de los guerreros más hábiles que Troya había visto en su vida, e incluso dio batalla a Áyax el Grande. Héctor fue custodiado por Apolo durante esta batalla, y Atenea eligió a Áyax como su campeón. Los dioses también tomaban partido en la guerra. Apolo era el dios patrón de Troya. Siempre cuidaba a los miembros de la familia real, ya que la ciudad de Troya había mantenido su patrocinio durante cientos de años, y se habían ganado su favor con regalos y sacrificios de inmenso valor. Ambos hombres se respetaban mucho. Héctor le dio su espada a Áyax para honrar la gran habilidad y velocidad del héroe; Áyax más tarde usaría esta espada para suicidarse.

Una batalla terminó en una gran tragedia para Aquiles. En un momento durante la guerra, Aquiles estaba molesto con Agamenón. El gran rey había tomado a su esclava, Briseida, para sí mismo, a pesar de que Aquiles fue quien la esclavizó. Como resultado, se negó a luchar, lo que fue devastador para los griegos, ya que era uno de sus luchadores más fuertes. Pero a menos que le devolvieran su premio, no iría al campo de batalla.

Aunque los griegos le suplicaron que luchara, prometiendo riqueza y el regreso de su esclava, Aquiles se negó. Iba a regresar a casa y les dijo a los otros griegos que siguieran su ejemplo. Patroclo descubrió que esta reacción no era positiva. No podía soportar la idea de que sus compañeros griegos fueran asesinados mientras los mirmidones se retiraban.

Los troyanos habían avanzado en su ataque en ese momento, ya que deseaban empujar al resto del ejército griego al mar. Poco sabían que Zeus ya había profetizado que el ejército griego sería el vencedor en la guerra.

Patroclo fue hasta Aquiles y le pidió que lo deje luchar. Además, también pidió el honor de usar la armadura de Aquiles en batalla.

Aquiles no pudo negar la petición de su amigo más querido, pero le dijo a Patroclo que solo luchara el tiempo suficiente para expulsar a los troyanos de las naves.

Patroclo, lleno de coraje, corrió a la batalla, completamente equipado con la armadura distintiva de Aquiles. Logró reunir a las fuerzas griegas y hacer retroceder a los troyanos. Incluso acabó con la vida de uno de los hijos mortales favoritos de Zeus, Sarpedón. Héctor tuvo que llevar a sus hombres a la seguridad de la ciudad.

Sin embargo, Patroclo se emborrachó con sed de sangre. Sabía que una victoria potencial estaba en el horizonte. Algunas variaciones dicen que Apolo le robó los sentidos, lo que llevó a Patroclo a seguir a los troyanos hasta las puertas de la ciudad. Esto era exactamente lo que Aquiles le había dicho que no hiciera. A medida que Patroclo avanzaba, tomó tantas vidas troyanas como pudo.

Finalmente, se encontró cara a cara con Héctor y fue asesinado. Con un golpe de su lanza, Héctor perforó a Patroclo. La noticia de la muerte de Patroclo llegó a Aquiles tras el fin de la batalla, cuando los cuerpos estaban siendo retirados del campo para ser cremados. Todos los soldados de Grecia sabían quién era el hombre, y un soldado corrió a decírselo a Aquiles. No podía creerlo, pero cuando vio el cuerpo, se arrodilló y comenzó a llorar sin consuelo. Aquiles no sintió más que rabia e ira hacia Héctor.

Sin autorizar su siguiente movimiento con Agamenón, Aquiles inmediatamente montó un carro y lo condujo hasta las puertas de la ciudad de Troya. Los arqueros estaban listos para deshacerse del guerrero, pero Héctor les ordenó que se retiraran. Estaba seguro de que sus habilidades en el campo de batalla eran similares, si no mejores, que las de Aquiles. Héctor era un hombre de honor y no le haría daño a Aquiles parada solo en la puerta de su reino. Pero también habría deshonrado el nombre y el honor de su familia si no hubiera aceptado el desafío.

La lucha que siguió entre los dos guerreros fue una danza de la muerte, ya que los dos hombres eran ágiles y astutos. Héctor finalmente comenzó a cansarse, pero la ira de Aquiles alimentó su fuerza. Con un solo golpe de lanza, todo había terminado. Héctor yacía en el polvo mientras Aquiles se acercaba y se paraba firme junto a él. Cargó a Héctor en la parte posterior de su carro y cabalgó hasta el campamento. La vista era demasiado para el rey Príamo, y este se desmayó al ver que su primogénito y heredero había sido insultado de esa manera. Esto también enfureció mucho a los dioses, ya que mostraba una grave falta de honor y autocontrol, especialmente porque Héctor había pedido que su cuerpo fuera tratado con respeto. Héctor no había seleccionado a Patroclo para matarlo; de hecho, había pensado que estaba luchando contra Aquiles, ya que Patroclo llevaba su armadura. Lo que Aquiles le hizo al cuerpo de Héctor no era necesario a los ojos de muchos, y el guerrero pagaría por su ofensa.

Aquiles arrastrando el cadáver de Héctor. "

Aquiles fue derribado por Paris, que cargaba un arco y mandó a los arqueros a lo alto de las murallas de Troya. Durante otra campaña para apoderarse de la ciudad, Paris vio a Aquiles debajo en el enjambre de sangre y cuerpos. Apuntó y soltó su flecha, apuntando directamente a la pierna expuesta de Aquiles. Las piernas eran una de las únicas regiones del cuerpo que no estaba cubierta por ningún tipo de armadura. La herida, pensó, le daría a otro soldado la oportunidad de luchar para matar a Aquiles. Poco sabía que los dioses estaban de su lado. En el último momento, Apolo empujó a Aquiles un poco más lejos y la flecha atravesó el tendón de su talón (de ahí el nombre de esta parte del cuerpo que es el talón de Aquiles). Este era su único punto débil, y causó que el resto de sus órganos se apagaran. El guerrero más grande de toda Grecia había sido derrotado y yacía en el polvo frente a los demás.

Después de la muerte de Aquiles, la moral del ejército griego estaba en su punto más bajo. La guerra de Troya duró diez largos años, y parecía que la lucha nunca cesaría. La ciudad de Troya había construido sus muros fuertes y altos, y era casi imposible que todos los ejércitos de Grecia alcanzaran la ciudad sin sufrir graves bajas. Y ahora habían perdido a uno de sus mejores guerreros. Los mirmidones se negaron a ir al campo de batalla con otro maestro que no fuera Aquiles, ni siquiera cuando Agamenón los amenazó con ejecutarlos. Los reyes de Grecia intentaban desesperadamente persuadir a Agamenón para que abandonara la campaña y navegara a casa. Sin embargo, temía lo que le sucedería a su reino si perdía esta guerra. Si los troyanos podían vencerlo tan fácilmente, podría dar mala impresión frente a otros imperios.

Entonces tuvieron una idea, una idea ingeniosa y engañosa de Odiseo. Él era el más astuto de todos los reyes griegos. Sabía que los troyanos eran súbditos muy devotos de los dioses y que nunca rechazarían una ofrenda de sacrificio.

Odiseo le dijo a Agamenón que hiciera que sus hombres derribaran una de las naves. Usarían los tablones y los clavos para construir una ofrenda que el rey Príamo no podría rechazar. Esta ofrenda era el caballo de Troya. En el interior, el caballo estaba lleno de soldados griegos. Luego de curzar las murallas de la ciudad, los hombres abrieron la puerta para el resto del ejército griego. Odiseo le dijo a Agamenón que mandara a todos los demás barcos hasta el otro lado de la costa y que dejara un vigía para que pudieran confirmar que el regalo había sido recibido.

Representación del caballo de Troya en una olla corintia, alrededor del 560 a. C. [12]

El vigía en la torre de Troya gritó que no había más barcos griegos en la costa. Enviaron un emisario a las costas que informó que los griegos se habían marchado, pero que habían dejado un regalo al salir. Pensaron que tal vez era una ofrenda al dios Poseidón para un viaje seguro a casa. Algunas fuentes dicen que era una ofrenda a Atenea y que al llevar al caballo a las puertas de la ciudad, Troya sería inexpugnable.

Cassandra, la hija mayor de Príamo, advirtió a su padre que se deshiciera de la ofrenda y la quemara en ese mismo momento en la playa. Príamo era un hombre devoto de los dioses y no quemaría una ofrenda de ese tipo, especialmente a uno de los dioses más temperamentales. El buen rey decidió que el caballo sería llevado a la ciudad y colocado dentro del templo de Poseidón (o Atenea, dependiendo de la versión que lea). Serviría como un recordatorio y honor de la victoria ganada contra todos los ejércitos de Grecia.

Sin embargo, Cassandra había sido maldecida por el dios Apolo y veía el futuro. Esto parece algo super bueno, excepto que nadie la creía. Y la decisión de Príamo resultó ser un error fatal. Cuando cayó la noche, y toda la ciudad yacía en sus camas profundamente dormida y ajena al peligro inminente, los soldados griegos salieron de dentro del caballo y abrieron las puertas de la ciudad. En cuestión de horas, la totalidad de Troya quedó envuelta en llamas. Nos ahorraremos los detalles sangrientos de lo que sucede cuando una ciudad es tomada, pero puede usar su imaginación.

Al igual que Aquiles, algunos griegos terminarían pagando por su falta de honor. A pesar de que habían ganado la guerra, lo hicieron con engaño y traición, que era muy diferente de vencer a tus enemigos en el campo de batalla abierto. Muchos de los griegos que navegaron hacia casa no sobrevivieron al viaje, o su viaje se retrasó por pruebas y dificultades. De hecho, cuando algunos llegaron a casa, encontraron a sus esposas casadas con otras personas, pues creían que después de tantos años, sus esposos no volverían. Uno de los afortunados en llegar a casa fue Odiseo.

Sin embargo, antes de reunirse con su reina Penélope, pasaría varios años navegando por el mundo antiguo, siendo probado con algunas pruebas legendarias. Su historia se convertiría en uno de los mitos más famosos de todos los tiempos y uno de los primeros en ser escrito. Nos referimos a la *Odisea*.

Capítulo 14: La *odisea* y el regreso de los héroes

Muchos años antes de que Ulises fuera llamado a luchar en Troya, se casó con su esposa Penélope, y los dos tuvieron un hijo llamado Telémaco. Fue un día alegre cuando nació el príncipe. Todo el reino se regocijó, pero ninguno más que Anticlea, la madre de Odiseo. Vio que la felicidad de su hijo ahora era completa, y si su hijo era feliz, el reino también lo sería. Odiseo era amado por todo el reino, y su hijo y heredero creció entre la gente, aprendiendo cómo gobernaba un rey.

Sin embargo, Odiseo nunca llegó a ver crecer a su hijo, ya que estuvo ausente durante diez largos años en la campaña de Troya. Y pasó diez años después de la guerra intentando regresar a casa a la cama de su esposa, Penélope. Sin embargo, la ira que los dioses sentían hacia los griegos era doble para Odiseo. El caballo de Troya había sido su creación, y después de que su plan tuviera éxito, olvidó rendir homenaje al dios Poseidón, señor de todos los caballos y dueño de los mares (el mismo mar en el que Ulises iba a zarpar). La irreflexión de Odiseo creó a su peor enemigo. Poseidón era uno de los dioses menos indulgentes y, como tal, juró que Odiseo nunca volvería a ver las costas de su amada Ítaca. En cambio, sufriría años en alta mar y sería arrastrado hacia cualquier peligro potencial.

Durante los años en que Odiseo intentó llegar a casa, una brigada de pretendientes se dirigió al palacio. Fueron liderados por el más vil de su compañía, Antinoo. Estos pretendientes hicieron un desastre en el gran salón del rey, pero ni Penélope ni Telémaco (ahora un hombre joven) tenían la autoridad o la fuerza para hacer que los pretendientes se fueran. Todos creían que el verdadero rey estaba muerto y que sus acciones no tendrían consecuencias. Mientras tanto, Odiseo ya había zarpado de Troya y prometió regresar a casa como vencedor, a pesar de Poseidón.

Para su primera interferencia, Poseidón estableció una espesa niebla sobre el Egeo, separando a Odiseo del resto de la flota griega. El barco navegó sin rumbo, ya que el vigía no veía más que niebla. Parecía que el mar no tenía fin y no había tierra a la vista. En ese momento, la tierra apareció de la nada. Los hombres tenían la esperanza de que la isla estuviera habitada, ya que podían buscar refugio, descansar y tal vez encontrar un nuevo camino hacia Ítaca.

En el instante en que Odiseo puso un pie en la isla, supo que no era lugar de hombres. Todo lo que podía distinguir en la distancia era el débil sonido de ovejas y cabras. Los rebaños no estarían sueltos sin un pastor, pero quién sería este pastor. Odiseo envió a dos de sus exploradores para ver qué había en la isla. Los hombres no encontraron signos de civilización o estructuras artificiales de ningún tipo. Lo único que encontraron en toda la isla fue una vasta cueva que parecía desaparecer en las profundidades de la tierra. En esta cueva no había nada más que una gran cantidad de queso de cabra. Pero, ¿quién hacía el queso y dónde estaba el amo de los rebaños?

Los hombres estaban encantados de encontrar esta cueva de abundancia, pero Odiseo todavía dudaba y el nudo en su estómago no desaparecería. El rey era famoso por su mente e instintos, que podían oler el peligro a una milla de distancia. Le pareció sospechoso que la cueva no contuviera herramientas o armas de ningún tipo. ¿Cómo se valieron estos hombres por sí mismos, esquilaron sus ovejas o crearon la pesada puerta de piedra de la cueva?

Fuera de la cueva, los hombres de Odiseo estaban ocupados recolectando leña para preparar su cena, y encontraron una gran huella, diez veces más grande que cualquier huella hecha por un humano o animal. Se desconoce por qué los hombres no informaron a su líder. Deben haber pensado que el ser que dejó la huella estaba muerto hace mucho tiempo; cosas como los gigantes eran rarezas en el mundo de los griegos. ¿Y cuáles eran las posibilidades de que hubieran tropezado con uno? Entonces, los hombres de Odiseo acamparon dentro de la cueva y procedieron a emborracharse. El barco se había quedado sin agua dulce hacía un tiempo, y los griegos mezclaban su vino con agua; de lo contrario, era demasiado fuerte. Los hombres ebrios continuaron riendo y bromeando, haciendo una cantidad excesiva de ruido. Esto no era lo más brillante, teniendo en cuenta que estos hombres no tenían idea de dónde estaban o de quien irían a encontrar.

En ese momento, sintieron que la tierra temblaba. Podían escuchar el balido de las ovejas no muy lejos, así como la respiración profunda de algo muy grande que regresaba a la cueva. Después de todo, no era un pastor, sino un cíclope llamado Polifemo, hijo de Poseidón. Polifemo se sorprendió al encontrar a Odiseo y a sus hombres en la cueva. Rápidamente cerró la gran puerta de piedra de su cueva y preguntó quiénes eran estos hombres para ser tan audaces de comer su comida.

Odiseo intentó razonar con el cíclope, explicando que habían comido de sus tiendas porque tenían mucha hambre. De hecho, querían intercambiar bienes por las cosas que habían comido. Polifemo no estaba interesado en lo que los hombres habían traído, y declaró que no comía la comida de los hombres, solamente carne. Luego se apoderó de uno de los soldados de Odiseo, lo partió en dos y se comió la mitad superior de su cuerpo. Los soldados restantes se pusieron de pie de un salto, listos para defender sus vidas, pero Odiseo sabía lo peligroso que sería tratar de luchar contra un cíclope. Le dijo a sus hombres que mantuvieran la calma.

El rey era muy inteligente; le dijo al cíclope que sería su próxima comida, de buena gana y libremente. Sin embargo, si el cíclope se lo comiera, nunca poseería la magia dentro de Odiseo. No era raro que el mundo de los hombres y la magia chocaran, y bastantes mortales tenían dones mágicos similares a los de Fineo el vidente o Medea la hechicera. Esto llamó la atención de Polifemo, y preguntó por el nombre de Odiseo. Odiseo le dijo que su nombre era Nadie (sí, literalmente) y luego le ofreció algo de vino para beber. Polifemo nunca había probado vino, y el astuto rey de Ítaca le dijo que era la bebida de los dioses. Los cíclopes eran despreciados por la mayoría de los inmortales; ocupaban un estatus menor, a pesar de su inmensa habilidad y fuerza. Polifemo bebió rápidamente el "vino de los dioses" mientras uno de los soldados de Odiseo le tocaba una suave canción de cuna. Polifemo entonces cayó en un sueño profundo. Sin embargo, los hombres todavía tenían un problema bastante grande en sus manos. La puerta de piedra era inamovible. Solo el cíclope gigante podía mover la piedra y liberar a los hombres. Sin embargo, el inteligente Odiseo tenía un plan.

Hizo que sus soldados recogieran todas las pieles de oveja que Polifemo usaba para su cama. Luego se dispuso a fabricar una lanza gigante. Usaron esto para cegar al cíclope, quien corrió hacia la puerta de piedra, la abrió y llamó a sus hermanos diciendo que Nadie lo había cegado. Fue un movimiento muy inteligente. Los soldados pudieron escabullirse del ciego Polifemo vistiendo las pieles de sus ovejas. Odiseo sufrió la pérdida de algunos de sus hombres contra el cíclope, pero en general, la compañía tenía una tasa de supervivencia bastante impresionante, a pesar de la horrible forma de muerte que enfrentaban sus camaradas.

Cerámica laconiana que muestra el cegamiento de Polifemo, alrededor del 565-560 a. C. [13]

El resto de la compañía regresó al barco y se alejó lo más rápido que pudo. Desde la cubierta de su nave, Odiseo gritó a Polifemo que su destino de ser cegado había sido sellado por su propio padre, Poseidón. Si el dios no hubiera hecho que el barco se desviara de su curso y llegara a la isla de Polifemo, el cíclope todavía podría ver. Si bien Odiseo fue uno de los reyes más inteligentes de la historia de la mitología griega, era conocido por su inmenso orgullo y su naturaleza algo jactanciosa. El hombre que piensa que es el más inteligente de la habitación es a menudo el más difícil de tolerar. Estos hombres rara vez aprenden de sus errores. Por lo tanto, no es de extrañar que Odiseo provocara a Poseidón una vez más.

Los hombres navegaron durante meses, y su sed extrema casi los mata a todos hasta que finalmente vieron tierra. Era otra isla extraña con más sorpresas potenciales. Odiseo se fue solo a buscar agua para sus hombres. Cuando finalmente encontró una fuente de agua dulce, el arroyo de alguna manera evadió su jarra. Cada vez que bajaban para obtener un poco de agua, el agua se apartaba de su camino. Odiseo estaba seguro de que se trataba de una especie de locura o ilusión provocada por la sed o el hambre extrema, pero en realidad era Poseidón quien le negaba al héroe y a sus hombres el derecho a beber agua.

Odiseo entonces escuchó la voz de alguien. Era el rey de la isla saludándolo. "Soy Eolo, el guardián de los vientos, y esta es mi isla". Eolo le dijo a Odiseo que no quería hacerle daño ni a él ni a sus hombres y que en realidad quería ayudar al héroe en su misión de regresar a casa. Eolo pensó que Poseidón estaba siendo injusto. En algunas versiones, en realidad desprecia a Poseidón, considerándolo arrogante y egoísta, ya que Poseidón nunca le dio al viento el debido crédito por su influencia en alta mar.

Odiseo y sus hombres se llevaban bien con Eolo, y Eolo apreciaba mucho a Odiseo por su mente inteligente y su naturaleza inquisitiva. A pesar de su arrogancia, Odiseo sabía que había algo que aprender de sus fracasos. Eolo regaló una bolsa de vientos (menos el viento del este) a Odiseo, diciéndole que la usara en su momento más desesperado para empujar su barco hacia casa. Poco después, Odiseo y sus hombres regresaron al barco y zarparon. Todo lo que Odiseo podía pensar era en regresar con su amada esposa, y por primera vez en meses, estaba absolutamente seguro de que volvería con ella y su hijo pronto.

Sin embargo, los hombres de Odiseo tenían demasiada curiosidad por la nueva adquisición del rey. ¿Qué tipo de tesoro escondía Odiseo? La mayoría creía que era oro, y después de un viaje tan traicionero, esperaban su parte. En ese momento, el vigía llamó desde la parte superior del nido del cuervo. ¡Las costas de Ítaca estaban a la vista! Pero los hombres no permitirían que el barco atracara hasta que hubieran abierto el saco y recuperado una parte del oro. Nunca podrían haber sabido que los vientos estaban almacenados en su interior.

Liberaron los vientos y esto causó una gran tormenta. El barco fue empujado lejos de Ítaca al otro lado del mundo. Los suministros de la nave también se habían ido por la borda. Justo cuando su hogar estaba al alcance de la mano, todo desapareció. Los hombres se desesperaron, y Odiseo perdió la confianza en su tripulación.

Sin embargo, no había tiempo para rencores duros cuando la supervivencia estaba en juego. Odiseo envió a sus hombres a cazar comida. Luego, de la nada, un cerdo corrió hacia la playa donde descansaban el resto de los hombres. Inmediatamente se pusieron a tratar de atrapar y matar al cerdo para cocinarlo y preparar su cena. Uno de los soldados de Odiseo que fue enviado a la caza salió de entre los arbustos; parecía haber estado persiguiendo al cerdo también. Corrió hacia Odiseo y le rogó que impidiera que los hombres mataran al cerdo, porque era Polites, uno de los propios soldados de Odiseo.

Todos los hombres se rieron en su cara hasta que les contó la historia de Polites. Era una bruja, Circe, una gran y poderosa hechicera. Habían llegado a su isla, y ella había convertido a todos los hombres en animales, todos excepto el único soldado que escapó. Odiseo creyó el cuento del soldado. Le dijo a sus hombres que se quedaran en el barco. Si no regresaba al atardecer, deberían navegar lejos de la isla y nunca mirar atrás. Odiseo continuó solo. No se arriesgaría a poner en peligro a ninguno de sus hombres.

Tal como había dicho el soldado, Odiseo siguió el mismo camino hacia las colinas, pero se encontró con un oso negro gigante. Para evitar a la bestia, comenzó a escalar la ladera de la montaña. Cuando estaba a punto de llegar a la cima, Hermes se le apareció a Odiseo. Había sido enviado por Atenea; ella había estado cuidando al héroe desde que salió de su casa hace casi quince años. Ella también despreciaba a Poseidón y deseaba que el rey de Ítaca tuviera éxito en su misión. Hermes ofreció a Odiseo una hierba del acantilado. Le dijo que comiera esta planta porque lo protegería de la maldición de la bruja. Hermes le dijo a Odiseo que cuando la bruja viera que su maldición no afectaba al rey, trataría de conquistarlo de otra manera: en el dormitorio.

Odiseo se encontró con el gigantesco palacio de piedra, que estaba rodeado de animales de todo tipo: leones, tigres, osos y algunos monos.

Entonces vio a la bruja de pie en la puerta rodeada de todos sus animales; reconoció a algunos de sus hombres entre las criaturas. Cada uno parecía estar pidiendo ayuda a gritos. Ella le ofreció vino con miel a Odiseo, una bebida que el rey sabía que estaba destinada a transformarlo en un animal. Circe se sentó de nuevo en su trono y esperó a que su poción funcionara. Odiseo bebió y bebió, pero siguió siendo un hombre.

Esto confundió y enojó a la bruja. Odiseo sacó su espada, con la intención de acabar con su vida, pero Circe le recordó convenientemente el hecho de que sus hombres seguirían siendo animales si ella no los convertía nuevamente en hombres. Entonces ella le hizo una oferta. Liberaría a los hombres de Odiseo si él la llevaba a la cama. Mientras mantenía relaciones sexuales con Circe, uno por uno, sus hombres recuperaron sus formas humanas. Le dijo a Odiseo que llevara al resto de sus hombres a su palacio, y que comerían y beberían hasta que estuvieran descansados y listos para continuar su viaje.

Circe ofreciendo la copa a Ulises por John William Waterhouse, 1891. [14]

Mientras Odiseo estaba acostado en la cama de Circe, todavía soñaba con su esposa, con volver a encontrarse con ella, sentir su abrazo y disfrutar de su sonrisa. Circe notó esto de su héroe y preguntó cómo podía acostarse en su cama todas las noches, pero seguir pensando en su esposa. Pregunta justa. Odiseo no era de ninguna manera un rehén de Circe. Podría haberse ido con sus hombres después de unos días de descanso, pero aún así regresaba a su cama por su propia voluntad. Los hombres de Odiseo incluso habían preguntado cuándo se irían, pero el gran héroe no tuvo respuesta. Estaba feliz por primera vez en años, y era difícil para él dejar todo eso atrás. Tuvo hijos con Circe, y se amaron profundamente. Quería quedarse en la cama de Circe, susurrarse cosas dulces el uno al otro y disfrutar de esa intimidad. Los héroes en la mitología griega a veces se definen más por sus faltas que por sus hechos, y una de las mayores faltas de Odiseo era su afinidad por las bellas diosas.

Finalmente, los hombres de Odiseo pudieron convencerlo de que era hora de continuar el viaje. Circe ofreció a Odiseo consejos para encontrar el camino de regreso a Ítaca. Ella dijo que solo un hombre podría apuntar a Odiseo en la dirección correcta. Este era Tiresias, el profeta, que había muerto hacía mucho tiempo y actualmente vivía en el inframundo. Circe le dijo a su amante que debía cruzar el río Estigia y sacrificar un cordero, luego entrar en las llamas para encontrar al profeta.

Todo el tiempo que Ulises navegó hacia el inframundo, pensó en su hijo, que ahora había estado muchos años sin padre, y en su esposa, que seguramente sufría más que nadie. Mientras tanto, los pretendientes de Penélope se habían vuelto más audaces y continuaban permaneciendo en el palacio del rey, exigiendo una respuesta con respecto a quién iba a ser su nuevo marido. Era costumbre que los invitados no pudieran ser rechazados, y los hombres estaban abusando de esta costumbre al extremo. Sin embargo, Penélope era tan inteligente como su esposo y logró evitar sus preguntas molestas manteniéndolos en un estado de embriaguez o de sueño. Les dijo que elegiría un pretendiente una vez que hubiera completado un sudario para su marido. Era increíblemente grande, y ella desarmaba el sudario poco a poco al final del día para ganar más tiempo. Sus pretendientes estaban tan ebrios que ni siquiera se daban cuenta.

Mientras tanto, Odiseo y su compañía habían llegado a la entrada de la tierra de los muertos. Había un río de fuego por delante que Odiseo tuvo que cruzar, y tuvo que cruzarlo solo. Odiseo se despidió de sus hombres entre lágrimas, ya que estaban seguros de que su amo perecería en las llamas. Odiseo tomó su cordero y salió en busca de Tiresias. Encontró al profeta ciego en las profundidades del inframundo, sentado a la orilla del río de fuego, con los pies colgando en las aguas como si estuviera de vacaciones en el infierno. Odiseo hizo su petición y arrojó el cordero a las aguas llameantes. Tiresias le dijo entonces que para encontrar el camino a casa, necesitaba usar la constelación de Orión y navegar hacia su estrella más brillante hasta llegar al estrecho de Escila, un insaciable monstruo de las profundidades. A un lado del estrecho estaría Escila, mientras que al otro estaría Caribdis, la vorágine de la muerte.

Antes de que Odiseo regresara con sus hombres, su madre Anticlea apareció ante él. Odiseo sintió una gran ola de dolor, pues sabía que su madre había perecido en su ausencia. Poco sabía que ella se quitó la vida por su dolor, ya que había estado esperando al hijo que nunca regresó. Anticlea le dijo a su hijo que se apresurara y regresara a Ítaca lo antes posible, ya que los nobles de su reino buscaban hacer suya a su esposa, y Penélope se estaba quedando sin fuerzas y razones para evitar casarse con uno de los pretendientes. Después de todo, era costumbre que una reina se volviera a casar si su esposo había sido declarado muerto. Lo bueno para ella era que la muerte de Odiseo seguía siendo una especulación, pero eso no podía durar para siempre. Lo que más pesaba en el corazón de la reina era la desesperación de su hijo por la muerte de su padre en Troya o en los mares. Por supuesto, existía la duda persistente de que había decidido simplemente no regresar con su esposa e hijo.

Antes de que Odiseo y sus hombres se acercaran al estrecho de Escila, tendrían que pasar junto a las sirenas. Las sirenas cantaban una hermosa canción que hacía que los mortales condujeran sus barcos contra las rocas. No sabemos con certeza si las sirenas se deleitaban con los marineros o simplemente los atrapaban allí, matándolos de hambre. Odiseo había recibido una advertencia de Circe sobre las sirenas antes de partir de su isla. Le dijo al rey que no escuchara las palabras de las sirenas y que él y sus hombres debían taparse los oídos con cera de abejas.

Odiseo era un hombre increíblemente curioso; le gustaba saber cosas que otros hombres no sabían. Una de las cosas que deseaba conocer era el canto de las sirenas. Ordenó a sus hombres que lo ataran al mástil del barco y que les taparan los oídos con cera de abejas. No importaba cuánto suplicara y llorara, no debían soltarlo de sus ataduras. Si lograba escabullirse, no debían bajo ninguna circunstancia dejarlo entrar al agua. Sus hombres hicieron lo que les dijo, y no importaba cómo su rey suplicara y luchara, los hombres seguían navegando mientras Odiseo escuchaba el encantador canto de las sirenas.

Odiseo y sus hombres finalmente se acercaron al estrecho de Escila. Aunque Odiseo y sus hombres habían desafiado los horrores del mundo antiguo, nunca podrían haber imaginado lo que les esperaba en el oscuro porvenir. A medida que avanzaban lentamente hacia el estrecho, toda la luz desapareció. Era más negro que cualquier oscuridad de la noche. El aire era espeso y caliente, pero la peor parte de toda la experiencia era el silencio. No se escuchaba absolutamente nada; incluso las olas dejaron de hacer ruido contra el barco. Luego, desde la oscuridad, un conjunto gigante de mandíbulas se abalanzó hacia adelante y arrebató a uno de los hombres de Odiseo de la cubierta.

Era una visión horrible. Los dientes de Escila eran afilados, y la fuerza de sus mandíbulas desgarró al soldado en dos partes. La parte superior de su cuerpo aparentemente desapareció en sus mandíbulas, y sus piernas permanecieron erguidas en la cubierta del barco. Los hombres se horrorizaron cuando las piernas del pobre soldado comenzaron a temblar, sus terminaciones nerviosas sin darse cuenta de que habían sido cortadas del cerebro. Escila entonces emergió de su oscuro escondite. Era una grotesca máquina de matar, tenía seis largos cuellos, y seis cabezas con afilados dientes. Sus garras la mantenían agarrada de las cavernas oscuras. Los hombres de Odiseo avanzaron petrificado. Sabían que no podían superar a esta bestia con fuerza; su única esperanza era seguir remando hacia adelante y mantenerse lo más lejos posible de las cavernas.

Odiseo frente a Escila y Caribdis *por Henry Fuseli, 1794-1796.* [15]

Podían ver la luz al final del túnel y remaban furiosamente hacia lo que creían que era su salvación, pero no era lo que pensaban. Muy pronto, Odiseo se dio cuenta de que al final del estrecho había una gota, una que conducía directamente a las fauces de Caribdis, una criatura aún más aterradora que Escila. Sus mandíbulas no estaban llenas de dientes, sino más bien de agua; era un remolino masivo. Y el barco se dirigía directamente hacia la caída, y no había nada que ninguno de los hombres pudiera hacer para detenerlo. Odiseo dijo a sus hombres que saltaran y trataran de tomarse de las enredaderas que colgaban del techo de la abertura. Algunos de los hombres dieron el salto, pero la mayoría cayó en la aterradora vorágine. Odiseo ordenó al resto de sus hombres que soltaran las vides, y todos cayeron al mar. Cuando Odiseo apareció, llamó a sus hombres, pero ninguno respondió. Estaba completamente solo, flotando en un mar interminable. Tal vez Odiseo finalmente había sido superado por Poseidón.

En ese momento apareció de la nada una isla de piedra caliza blanca. Odiseo usó lo último de sus fuerzas para nadar hacia la isla y tiró de su cuerpo hacia la suave arena. Nunca había estado tan feliz de ver tierra. Desde los altos acantilados, pudo distinguir varias figuras y escuchó la suave melodía de las voces de las mujeres en el viento. Era Ogigia, la isla de la ninfa Calipso, hija del titán Atlas. Solo ella y sus doncellas ocupaban la isla, y Odiseo era el primer hombre que habían visto en mucho tiempo. La belleza de la diosa era legendaria; podía compararse con Helena de Troya o incluso con la propia diosa Afrodita.

Calipso trajo agua y comida a Odiseo hasta que cayó en un sueño profundo. Odiseo se agitó y sacudió con pesadillas de su viaje, las cosas malas que había visto, la sangre que había visto derramar y la terrible pérdida de sus hombres que habían desafiado los peligros del mundo por su rey. Todos estaban muertos. Calipso se acercó a su lado para despertarlo. Cuando se despertó, se echó a llorar sin control y cayó en sus brazos. Los encantos y la magia de la diosa no tardaron en filtrarse en la sangre de Odiseo, haciendo que su corazón se acelerara. Los dos cayeron en el abrazo del otro, y por segunda vez en su viaje, Odiseo le fue infiel a su esposa. Solo que esta vez, no había ningún incentivo ulterior para salvar la vida de sus hombres. Este error nació de la tristeza y la soledad más profundas que un hombre podía sentir.

Los dos se convirtieron en amantes intensos y él le contó a Calipso sobre el terror de los últimos trece años. Solicitó un barco a Calipso para poder regresar a Ítaca. Sin embargo, la diosa le informó a su nuevo amor que no había nada que buscar en la isla. Nadie venía a su isla y a nadie se le permitía salir. Odiseo trató de escapar una o dos veces tratando de alertar a los barcos que veía en el horizonte, pero todos estaban demasiado lejos, y la isla era casi invisible para todos, la piedra caliza blanca la ocultaba bajo el resplandor del sol. Calipso le dijo a Odiseo que nunca se iría, ya que ella nunca lo dejaría ir.

Mientras tanto, en Ítaca, Telémaco estaba preparando un barco para zarpar en busca de Odiseo. Iba a irse sin decirle una palabra a su madre. Mientras aún reflexionaba sobre las implicaciones de su decisión de irse, la Atenea de ojos grises se le apareció al príncipe en la playa. Ella le dijo que navegara a Pilos y Esparta a la corte de Menelao por razones desconocidas para Telémaco.

Durante siete años, Calipso mantuvo a Odiseo en su isla, y sus recuerdos de Penélope se desvanecían más y más con cada día que pasaba. Estaba envuelto en los brazos de la diosa todas las noches. (Sin embargo, algunos dicen que no fue consensuado por parte de Odiseo. En esa versión, estaba más que listo para volver a casa). Odiseo sintió que los dioses casi lo habían abandonado para ser el rehén de una mujer muy trastornada y pegajosa. Sin embargo, Atenea no le había dado la espalda al héroe. Con el tiempo, hizo que el rey de los dioses se diera cuenta de Odiseo, de su fuerza, ingenio y mente astuta. Estos dos dioses no verían a Odiseo terminar sus días como cautivo. Zeus envió a Hermes hasta Calipso, exigiéndole que liberara al héroe. Calipso maldijo a los dioses, acusándolos de estar celosa de que finalmente estuviera feliz con un compañero. Hermes le aconsejó que no negara la orden de Zeus.

Según algunos relatos, Calipso había sido bendecida con dos hijos de Odiseo. Estaba feliz de mantener a Odiseo bajo su encantamiento y criar a sus hijos. Pero, ¿qué podría hacer una ninfa contra la voluntad de los dioses? Le dijo a Odiseo que tenía que irse, que debía abandonar su isla. Había maderas en una isla cercana, que Odiseo usaría para construir su barco. Calipso hizo todo lo posible para que Odiseo se quedara; usó palabras dulces, besos, lágrimas e incluso la promesa de la inmortalidad, pero no hizo ninguna diferencia. Odiseo agradeció a la diosa por salvarle la vida y los suministros que le dio y luego empujó su sucia barca al mar.

En Ítaca, las cosas habían empezado a empeorar para Penélope. Después de seducir a una de sus sirvientas, Antínoo supo por qué el sudario de Penélope aún no estaba completo después de semanas de trabajo. (Algunas fuentes dicen que incluso se acostó con Penélope, mientras que otras dicen que un esclavo se enteró y reveló la información). Se enfrentó a Penélope y entregó el sudario a los otros pretendientes para que lo destruyeran, profanaran y quemaran. Penélope estaba ahora sola. Había sido descubierta, no tenía esperanza y su hijo estaba muy lejos en Esparta. Telémaco había hecho el viaje a la casa de Menelao y le había propuesto al rey que lo ayudara en la búsqueda de Odiseo. Menelao informó al príncipe que su padre todavía estaba vivo. Obtuvo este conocimiento de Proteo, el profeta y dios del mar. El rey le dijo a Telémaco que se mantuviera fuerte; Odiseo haría lo que fuera necesario para regresar a Ítaca.

En alta mar, Poseidón buscó otra oportunidad para vengarse de Odiseo por haber cegado a su hijo Polifemo. Golpeó a Odiseo con viento, olas y lluvia. Odiseo probablemente pensó que este sería el final de sus días. ¿Cómo sobreviviría vagando por alta mar si su barco fuera destruido? Finalmente, Odiseo llegó a las orillas de Scheria, que era el hogar de los feacios. La princesa Nausicaa lo encontró en un estado debilitado y lo llevó al palacio del rey. Allí, recibió una cálida bienvenida del rey y la reina, que sabían muy bien quién era Odiseo y qué significaba su nombre entre los guerreros de Grecia. Le rogaron a Odiseo que compartiera su historia y cómo había llegado a sobrevivir a la ira de los dioses. A cambio, el rey proporcionaría a Odiseo un barco y los mejores marineros de toda su tierra para tripularlo.

Odiseo relató todas sus traicioneras desgracias al rey y a toda su corte desde el momento en que abandonó Troya hasta su partida de Ogigia. Nadie había escuchado una historia de tanta valentía y terror. El rey cumplió su palabra y, por la mañana, Ulises zarpó, finalmente hacia su país de origen. Todas las noches dormía a bordo del barco y soñaba con Penélope. No podía esperar para compartir su cama juntos una vez más y finalmente conocer a su hijo, que había nacido justo antes de irse a la guerra de Troya.

Cuando Odiseo llegó a las costas de Ítaca, lloró de alegría. Conocía el aroma del dulce aire del mar mezclado con el pino, y abrazó la sensación del sol entre las ramas del bosque mientras se dirigía hacia la cabaña de su fiel pastor de cerdos, Eumeo. Cuando los dos hombres se miraron a los ojos, Eumeo se arrodilló, enterró su rostro entre sus manos y se unió a Odiseo en llanto. En el puerto de abajo, Eumeo pudo distinguir el barco de Telémaco que regresaba a casa desde Esparta. Eumeo corrió a los muelles, apartó al príncipe y le dijo que lo siguiera hasta su cabaña; no le dijo al príncipe por qué, pero cuando se acercaron, Odiseo se reveló. Telémaco sospechaba de este hombre, pero teniendo conocimiento previo del paradero de su padre, rápidamente llegó a creer que este era su padre, Odiseo. Los últimos veinte años de sufrimiento de Odiseo parecieron desaparecer en el momento en que abrazó a su hijo por segunda vez en su vida. Padre e hijo se sentaron a idear un plan para masacrar a los pretendientes y restaurar a Odiseo a su trono. Le dijo a Telémaco que se uniera a los pretendientes en su fiesta habitual de barbarie más tarde esa noche y que no le dijera a nadie que Odiseo había regresado a Ítaca.

En el palacio, Penélope había desarrollado un plan propio para deshacerse de los pretendientes de una vez por todas. Les dijo que se casaría con el hombre que pudiera tensar el arco de Odiseo y disparar a través de doce ojos de hachas (es el extremo de la empuñadura donde normalmente hay un círculo de metal). Esta era una tarea extraordinaria que solo había sido completada por el propio rey.

Con la ayuda de Atenea, Odiseo se disfrazó de mendigo (muchas versiones dicen que se disfrazó cuando Telémaco vino a verlo). Entró al palacio y vio el concurso por la mano de Penélope. Vio el desorden y la suciedad incalculables de los huéspedes que habían estado plagando su casa durante todos esos años. Su rabia era grande, pero se contuvo pues sabía que en cualquier momento, su oportunidad de venganza llegaría. Y en ese momento, Atenea estaría con él. Esa noche, la enfermera de la infancia de Odiseo, Euriclea, vino a atender a lo que ella pensaba que era un viejo mendigo. Sin embargo, con una mirada profunda de sus ojos, supo la verdadera identidad del hombre. Era Odiseo, su Odiseo, el niño que ella misma había sacado del vientre de Anticlea. Ella derramó lágrimas de alegría. Euriclea quería correr y decirle a su amante Penélope, pero Odiseo le hizo jurar que no diría ni una palabra de su regreso, o se perdería toda esperanza.

Ninguno de los pretendientes pudo cumplir la tarea imposible que Penélope les había asignado. Ninguno de ellos podía ni siquiera tensar el arco. Cuando parecía que nadie podría terminarlo, los pretendientes comenzaron a quejarse. Tenía que elegir a alguien. Un mendigo se adelantó y pidió una chance. Los otros hombres se burlaron, creyendo que no había absolutamente ninguna posibilidad de que un hombre de tan baja estatura pudiera blandir un arco tan fino como este. Pero finalmente le permitieron intentar.

Odiseo se acercó y tomó el arco. Todos en el pasillo observaban con asombro cómo el decrépito anciano tensó el arco con asombrosa facilidad. Colocó una de las flechas en la cuerda y la disparó a través de los ojos de las doce hachas. Al completar la hazaña, el hechizo de Atenea se rompió y Odiseo fue revelado. Durante el concurso, los leales sirvientes de Odiseo, Eumeo y Euriclea, habían estado recolectando todas las armas y armaduras de los pretendientes. Luego cerraron las puertas del gran salón. Y una vez que terminó el concurso, Odiseo y Telémaco, junto con algunos de los leales sirvientes de Odiseo, comenzaron a masacrar a los pretendientes sin piedad, uno por uno.

Odiseo y Telémaco masacran a los pretendientes de Penélope por Thomas Degeorge, 1812. [16]

Más tarde esa noche, Odiseo estaba esperando a Penélope en sus aposentos. Aún no existen palabras para describir el amor que estos dos compartieron. Durante veinte años, Odiseo se había esforzado por regresar a su casa, a su esposa, a su hijo, y por fin, ese sueño ya era una realidad. Se había enfrentado a monstruos, dioses, diosas impiadosas y muchos otros enemigos. Ningún hombre mortal se había ganado tal favor de los dioses. Su mente y su voluntad de hierro eran sus mayores fortalezas, pero todos los hombres necesitan algo que los motive.

Mientras él y su esposa se abrazaban por primera vez en dos décadas, le susurró a Penélope que nunca volvería a estar sin él; ella era su mundo. La historia de Odiseo no acaba aquí. Continúa y hoy inspira a las personas con sus muchas lecciones de amor, pérdida, valentía, orgullo y amistad. Sobre todo, la historia nos enseña que no importa cuán pequeños seamos en el gran esquema de las cosas, todavía podemos hacer toda la diferencia si nos guiamos por nuestras mentes y nuestros corazones.

Conclusión

La mitología griega sigue siendo relevante en nuestros días. Todavía nos enamoramos, nos ponemos celosos, actuamos precipitadamente, nos involucramos en asuntos buenos y malos, y nos esforzamos por encontrar un lugar de significado y comprensión dentro del mundo.

El mundo comenzó con absolutamente nada, el fin de la nada, de hecho. Y de la oscuridad surgió una sola chispa de esperanza. Los cuentos griegos sobre el principio cósmico del mundo no eran tan diferentes de la forma en que otras culturas antiguas veían el principio de los tiempos, ya que tienen elementos tanto de feminidad como de masculinidad. Gaia era una necesidad, al igual que su esposo, Urano. De hecho, el horrible trato de Gaia a manos de su esposo y su progenie puede ser una lección para los males que la humanidad inflige hoy en la tierra.

Sin embargo, la feminidad y la masculinidad formaban un mundo perfecto y completo, y luego se subdividía en dioses y diosas, las diversas representaciones de lo que es la masculinidad y lo que es la feminidad. Esta dicotomía se puede ver en toda la mitología griega. El Minotauro era un hombre, mientras que el monstruo Escila era una mujer. No es casualidad que la rabia, la furia y la destrucción fueran encarnadas por Poseidón, el dios masculino de los mares, al igual que no era casualidad que la verdadera sabiduría residiera en el dominio de las mujeres, que fue encarnado por la diosa Atenea. Tanto las deidades masculinas como las femeninas eran necesarias para que los antiguos griegos pudieran navegar por su mundo y comprender sus bloques de construcción, que se podían encontrar en todo lo que podían ver y tocar. Los seres humanos aprendieron a ser seres humanos del mundo que los rodeaba.

Como hemos aprendido al revisar los mitos de los héroes, la humanidad no siempre siguió las lecciones de los dioses y el mundo natural. Incluso los mejores mortales o semidioses cometieron errores, y a veces aprendían de ello, aunque otras veces no. A pesar de toda su sabiduría e ingenio, Odiseo casi pereció varias veces debido a su naturaleza orgullosa. Heracles, a pesar de todas sus fuerzas, no podía traer a sus seres queridos de entre los muertos y, por lo tanto, tuvo que superar esa tristeza con los doce trabajos, confrontando y lidiando con sus pecados. Por todo lo que había logrado, Jasón sintió la mayor pérdida de cualquier héroe al final de sus días, lo que demuestra que el éxito no trae felicidad a una persona. De Teseo, podemos aprender a estar agradecidos por las cosas que tenemos y la ayuda que otros están dispuestos a darnos, para que el karma no llegue a una venganza terrible.

El mero hecho de que los dioses y diosas de la mitología griega estuvieran sujetos a y fueran los creadores de ciertas emociones y acciones que también sentía y expresaba la humanidad habla de la divinidad de la vida humana cotidiana. La lección final que podemos extraer de la mitología griega es que ser humano no significa ser "otro". No estamos separados de todos y de todo lo demás en el mundo. Ser humano es ser parte y estar sujeto a un orden mundial divino.

Vea más libros escritos por Enthralling History

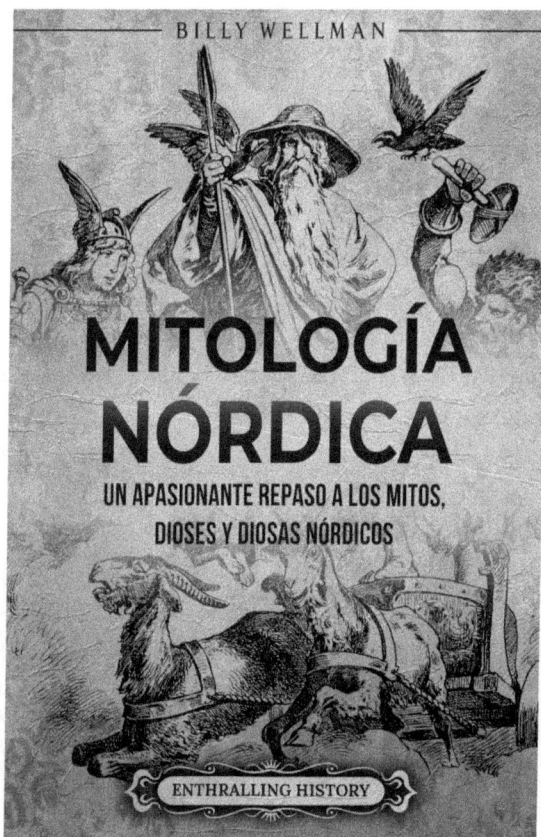

Referencias

https://www.greekmythology.com/Myths/The_Myths/The_Creation/the_creatio n.html

https://www.theoi.com/articles/what-is-the-greek-creation-myth

https://classicalwisdom.com/mythology/gods/in-the-beginning-part-1

https://www.theoi.com/Titan/TitanKoios.html

Hesiod, *Theogony* 133 & 207 (trans. Evelyn-White) (epopeya griega C8 o C7 a. C.)

Beall, E. F. "Hesiod's Prometheus and Development in Myth". Journal of the History of Ideas 52, no. 3 (1991): 355–71.

https://doi.org/10.2307/2710042

https://grbs.library.duke.edu/article/viewFile/6661/5061

https://www.thoughtco.com/the-five-ages-of-man-111776

https://www.britannica.com/topic/Deucalion

https://www.thoughtco.com/people-around-hercules-Herakles-herakles-118960

https://www.history.com/topics/ancient-greece/hercules

http://www.perseus.tufts.edu/Herakles/amazon.html

https://classicalwisdom.com/mythology/spotlight-on-mythology-theseus-and-theminotaur

https://www.theoi.com/articles/the-myth-of-perseus-and-medusa-explained

https://www.britannica.com/topic/Andromeda-Greek-mythology

https://www.theoi.com/articles/jason-and-the-argonauts-myth

https://www.britannica.com/topic/Jason-Greek-mythology

https://www.theoi.com/Georgikos/KentaurosKheiron.html

https://www.greeka.com/thessaly/pelion/myths/jason-argonauts

http://www.argonauts-book.com/hypsipyle.html

https://www.theoi.com/Pontios/Glaukos.html

https://www.theoi.com/Nymphe/NympheMelia4.html

https://www.theoi.com/Pontios/NereisThetis.html

https://www.theoi.com/Pontios/Nereus.html

https://www.theoi.com/Olympios/JudgementParis.html

https://www.theoi.com/articles/short-trojan-war-summary

https://www.theoi.com/articles/was-achilles-a-warrior

https://www.sparknotes.com/lit/odyssey/summary

https://www.theoi.com/Pontios/Skylla.html

https://www.theoi.com/Nymphe/NympheKalypso.html

Fuentes de imágenes

1 https://commons.wikimedia.org/wiki/File:The_Mutilation_of_Uranus_by_Saturn.jpg

2 Kimberly Vardeman from Lubbock, TX, USA, CC BY 2.0 <https://creativecommons.org/licenses/by/2.0>, via Wikimedia Commons https://commons.wikimedia.org/wiki/File:Psyche_revived_by_cupid%27s_kiss,_Paris_2_October_2011_002.jpg

3 https://commons.wikimedia.org/wiki/File:Exaleiptron_birth_Athena_Louvre_CA616_n2.jpg

4 Gian Lorenzo Bernini, CC BY-SA 4.0 <https://creativecommons.org/licenses/by-sa/4.0>, via Wikimedia Commons https://commons.wikimedia.org/wiki/File:Rape_of_Prosepina_September_2015-3a.jpg

5 Sailko, CC BY 3.0 <https://creativecommons.org/licenses/by/3.0>, via Wikimedia Commons https://commons.wikimedia.org/wiki/File:Aristophanes,_kylix_attica_con_gigantomachia,_410_ac_ca._02.JPG

6 https://commons.wikimedia.org/wiki/File:Zeus_Typhon_Staatliche_Antikensammlungen_596.jpg

7 https://commons.wikimedia.org/wiki/File:Twelve_Labours_Altemps_Inv8642.jpg)

8 https://commons.wikimedia.org/wiki/File:Jean-Fran%C3%A7ois_de_Troy_-_Jason_Taming_the_Bulls_of_Ae%C3%ABtes,_1742.jpg

9 https://commons.wikimedia.org/wiki/File:Theseus_Minotaur_Mosaic.jpg

10 Xosema, CC BY-SA 4.0 <https://creativecommons.org/licenses/by-sa/4.0>, via Wikimedia Commons https://commons.wikimedia.org/wiki/File:Florencia_-_Firenze_-_Perseo_con_la_cabeza_de_Medusa_-_Benvenuto_Cellini_-_01.jpg

11 https://commons.wikimedia.org/wiki/File:Triumph_of_Achilles_in _Corfu_Achilleion.jpg

12 https://commons.wikimedia.org/wiki/File:Trojan_horse_on_corintian_aryballos.JPG

13 https://commons.wikimedia.org/wiki/File:Odysseus_Polyphemos_Cdm_ Paris_190.jpg

14 https://commons.wikimedia.org/wiki/File:Circe_Offering_the_Cup_to_Odysseus.jpg

15 https://commons.wikimedia.org/wiki/File:Johann_Heinrich_F%C3%BCssli_054.jpg

16 VladoubidoOo, CC BY-SA 3.0 <https://creativecommons.org/licenses/by-sa/3.0>, via Wikimedia Commons https://commons.wikimedia.org/wiki/File:Thomas_Degeorge_Ulysse.jpg

www.ingramcontent.com/pod-product-compliance
Lightning Source LLC
LaVergne TN
LVHW051744080426
835511LV00018B/3220